ODYSSÉES ORDINAIRES

Avertissement au lecteur

Cet ouvrage n'a pas été conçu dans les silences de l'aube, il n'est pas l'œuvre d'une inconditionnelle lève-tôt, pas plus d'ailleurs qu'il ne serait celle d'une couche-tard repentie. Il n'est ni un manuel ni un guide, ne prodigue ni conseils ni préceptes ou bonnes pratiques; il ne se réclame d'aucune éthique, d'aucun courant, d'aucun dogme. Il ne nourrit pas d'animosité particulière à l'égard de ceux qui méconnaissent ou réprouvent son objet, et peut d'ailleurs tout à fait être lu et apprécié par eux. Volontairement bordélique, il se veut à l'image du sujet qu'il a choisi : ouvert, insaisissable, commençant. Il parle de quotidien et de poésie, de labeur et de plaisir, de nourriture, de sexe, d'économie et de géographie. Il s'en prend aux mythologies les plus hégémoniques, esquinte quelques représentations trompeuses, tente de déconstruire certaines idées reçues, en alimente peut-être de futures. Fatras hétérodoxe, il réunit dans une même pièce Proust et les Minikeums, Georges Perec et les Choco Pops, Albert Cohen, EnjoyPhoenix, Marc Aurèle, Angela Merkel, votre mère et la mienne. Il peut paraître moqueur mais n'est jamais amer ni condescendant. Au fond, cet ouvrage n'a qu'une ambition, celle d'un éveil soustrait de toute mécanique et de tout impératif : montrer autrement ce que chacun de vous voit tous les matins sans jamais le voir véritablement.

« Tout le plaisir des jours est en leurs matinées ;
La nuit est déjà proche à qui passe midi. »

François de Malherbe,
Stances sur le mariage du roi et de la reine, 1615

« Encore un matin,
Un matin pour rien,
Une argile au creux de mes mains. »

Jean-Jacques Goldman, « Encore un matin », 1984

Introduction

Comment commencer un livre sur le plus commun des commencements ? Tous les matins, du mois de mai 1968 au mois de septembre 1979, l'artiste américain d'origine japonaise On Kawara démarrait ses journées par le même rituel. Où qu'il se trouve, au gré des déplacements prescrits par sa carrière d'artiste international, il envoyait deux cartes postales à deux de ses amis sur lesquelles figuraient, en lettres capitales, les mots « I GOT UP AT » suivis de l'heure à laquelle il s'était levé. En dix ans, l'artiste a ainsi constitué un corpus de douze volumes sur plus de quatre-mille pages mêlant le kitsch criard des cartes postales à l'austérité d'une information sommairement transmise à des destinataires aléatoires et indifférenciés. Correspondance routinière et unilatérale qui nous entraîne de New York à Buenos Aires en passant par Dakar ou Quito, la série, emblématique des réflexions de Kawara sur l'espace et le temps, est désormais dispersée dans les plus prestigieuses collections d'art contemporain du monde.

Lorsque j'ai découvert pour la première fois l'œuvre de Kawara, à la Collection Lambert à Avignon, j'entamais un travail encore balbutiant sur le matin, bien déterminée à combattre tous les a priori qui lui collaient à la peau. Le matin avait, *c'est vrai*, mauvaise réputation. Son apparente banalité, sa plate redondance, ses expériences bassement corporelles étaient autant d'éléments qui alimentaient le mépris, ou le seul désintérêt à son égard. Récurrent, indissociable de la vie quotidienne, il serait l'archétype du non-événement. Et seuls l'événementiel, le ponctuel, l'extraordinaire s'imposent comme de convaincants objets d'études. *Un matin (un matin), ça ne sert (ça ne sert) à rien*. Victoire par K.-O. de Jean-Jacques Goldman sur François de Malherbe ?

Kawara devait me convaincre du contraire. Défiant le caractère sériel du protocole qu'il avait lui-même conçu, c'est bien l'irrégularité des heures du lever, la profusion des lieux d'émission (vingt-huit villes différentes pour la seule année 1973), l'usage détourné de la correspondance matinale, qui allaient engendrer cette œuvre énigmatique et totale. L'éclatement et le renouveau du geste créateur côtoient puis annihilent le banal et le récurrent. La « jeunesse des journées », pour reprendre l'heureuse formule d'Anna de Noailles[1], recelait d'un potentiel aussi infini qu'insoupçonné.

Alors que j'achevais la rédaction de ce livre à l'automne 2021, comme un nouvel appel ou un ultime écho, une galerie parisienne réactivait l'œuvre de Kawara, lui consacrant une exposition inaugurée par une performance matinale[2]. Conviés à 8 h 59 ce mardi 19 octobre,

1. Anna de Noailles, « Ô Lumineux Matin », *Le Cœur innombrable*, 1901.

2. Pierre Bal-Blanc *: I GOT UP*, Group exhibition, gb agency, Paris, du 19 octobre au 13 novembre 2021.

les visiteurs se retrouvaient à l'heure exacte où l'artiste s'était levé, cinquante-trois ans plus tôt, le 19 octobre 1968 à Lima au Pérou. Rien ne devait plus limiter l'expansion de ces levers condensés sur quatorze centimètres de large et neuf centimètres de haut.

Objet de toutes les exégèses, *I got up* fut aussi, dans l'histoire débordante de sa réception, le vainqueur de mes inhibitions.

Au-delà de « l'effet Kawara », ce livre est le fruit de plusieurs convictions profondes, qui n'ont rien à voir avec l'art conceptuel transcendantal de la fin du XXe siècle. Il se nourrit d'abord de notre rapport schizophrène au temps, un temps que l'on gagne, que l'on perd, que l'on anticipe et que l'on met en scène, mais que l'on ne vit plus véritablement. Un temps qui démarre par un réveil que l'on programme minutieusement pour mieux le *snoozer*[1] ensuite, première aliénation qui inaugure et consent à toutes les autres. Un temps que beaucoup préfèreraient passer *à l'horizontale,* mais que de présumées bonnes mœurs, la morale, la religion, puis la société capitaliste ont imposé comme strictement *verticale*. Un temps où il est de bon ton de se répandre sur ses performances matinales, qu'il s'agisse d'un cours de yoga *nidra* dans une pièce obscure et surchauffée, d'un premier mail envoyé à 4 h 40 ou de la confection, avant le lever du soleil, d'un jus citron-fenouil-curcuma

1. En anglais, le terme *snooze* renvoie à la sieste et à la position sommeil d'un réveil. Il est utilisé aujourd'hui pour qualifier l'action de reporter l'alarme d'un réveil, afin de prolonger le temps de sommeil. « Snoozer » son réveil c'est donc le reporter sans l'arrêter pour autant. Plus de trois Français sur cinq « snoozeraient » leur réveil le matin selon une étude d'Opinion Matters de 2014.

à l'aide d'un extracteur à froid. Le temps du matin est l'otage de nos aliénations et le réceptacle favori d'injonctions sociales, économiques, physiques ou morales. Il est aussi devenu une pure construction, convention bien commode non plus régie par le seul rythme naturel mais par des impératifs productifs que l'on a depuis bien longtemps cessé de remettre en question.

La deuxième de ces convictions est que l'univers matinal est saturé d'images et de représentations, souvent erronées ou contradictoires, qui ont façonné nos imaginaires et nos comportements matinaux. La publicité – en particulier celle de l'industrie agroalimentaire – le cinéma, les séries télé ont construit de toutes pièces des « mythologies » matinales devenues des sentinelles imprenables, accréditant la thèse largement contestable d'un matin tantôt homogène, rassurant et familial quand il n'est pas solitaire, routinier et banal. La famille Ricoré, le bestiaire Kellogg's et leurs petits déjeuners rieurs et conviviaux sont autant de topoï matinaux à contourner ou déconstruire. Au XXIe siècle, ce rapport aux images s'est progressivement inversé, en faisant du récepteur passif de la publicité d'hier l'émetteur complice des représentations d'aujourd'hui. Les réseaux sociaux sont le terrain fécond de cette inversion. Sur Instagram, on ne compte plus les hashtags codifiant et prescrivant des comportements matinaux bien éloignés de la spontanéité et du naturel dont ils se revendiquent pourtant. Prenez par exemple #IWokeUpLikeThis (« je me suis réveillé comme ça ») ou #MorningMotivation (« motivation matinale »). Le premier, si l'on en croit les exégètes bienveillants de la chanteuse américaine

Beyoncé[1], est supposé révéler votre beauté naturelle au réveil et encourager les femmes à assumer une vie sans maquillage ; le second, moins genré, accrédite vos performances de hussard de l'aube, qu'elles soient physiques, professionnelles ou mentales. L'hypocrisie du premier (2,6 millions de publications) talonnant l'exhibition souvent trompeuse du second (8 millions de publications)[2].

Plus contraint, plus construit, le matin apparaît enfin comme le moment où les inégalités se nouent, se cristallisent puis se perpétuent. Rapports de domination, rapports sociaux, rapports entre les sexes sont tous plus marqués et inégalitaires aux premières heures de la journée. La question du rôle des femmes occupe une place centrale dans ces réflexions. L'expression « grasse matinée » s'est par exemple construite au XVIIe siècle sur la dévalorisation du féminin, assimilée à une nonchalance congénitale, scellant pour des siècles l'assignation du beau sexe à une horizontalité prétendument naturelle, consentie. Bien plus tard, la théorie sociologique de la « double journée » viendra certes esquinter la supposée langueur féminine, mais au prix d'aliénations nouvelles, pesant tout particulièrement sur les mères de famille et les femmes élevant seules leurs enfants. Les travailleuses et travailleurs invisibles du matin sont les autres grandes victimes de ces inégalités, cantonnés

1. Dans sa chanson « Flawless » en 2013, Beyoncé chante la beauté naturelle des femmes au réveil : « I woke up like this / We flawless, ladies tell 'em » : *Je me suis réveillée comme ça / On est parfaites, mesdames dites-leur*. Le hashtag devient ensuite un « challenge » Instagram, dont la vocation finale était de financer la recherche contre le cancer.

2. Chiffres consultés sur Instagram, août 2021.

dans un univers matinal qui les marginalise pour mieux les dissimuler à notre vue.

Mais ce temps, ces mythologies et ces relations sont autant de forteresses à déconstruire. Le matin a aussi ses idoles et ses apôtres, célébrant chaque jour un peu plus ses cultes, profanes ou religieux : de l'office à la lecture du journal en passant par les salutations au soleil. Le culte de l'information est, entre tous, celui qui réunit probablement le plus grand nombre de fidèles dans nos sociétés sécularisées.

Le café retrouvé

Parmi les épiphanies qui ont marqué la construction de ce livre, il y eut, après les matins voyageurs et rectangulaires de Kawara, celui du 20 mai 2021. La veille, la France sortait d'un troisième confinement national dû à la pandémie de covid-19 et retrouvait avec une allégresse déchaînée les joies de la bière en terrasse. Sortir ce soir-là relevait de l'impératif catégorique, du devoir civique et citoyen. Commandement primesautier, il *fallait* s'amuser, qu'importe qu'il pleuve (il a plu), que l'on soit fatigué ou que l'on n'en ait tout simplement pas envie. Partout on se ruait en terrasse, on ingurgitait des bières à une vitesse affolante (un couvre-feu à 21 heures était toujours en vigueur) dans une atmosphère qui confinait souvent au simulacre. Cette obsession de la « bière en terrasse » était telle qu'elle éclipsait tout autre usage de ces espaces sociaux triomphalement réinvestis. Le lendemain matin, en sortant de chez moi, je retrouvai ces mêmes terrasses, bondées et alcoolisées la veille, mais les troupeaux épicuriens crépusculaires avaient laissé la place aux matinaux solitaires, buvant leurs cafés, grignotant leurs croissants, plongés dans un livre ou feuilletant un journal. Les serveurs affairés, submergés de commandes le soir, avaient retrouvé leur calme et leurs habitués. On prenait quelques nouvelles, on s'enquérait de la reprise, de la santé, on trouvait que le café était bon. Ce temps-là était du temps pur, arraché à la frénésie de l'époque, et j'éprouvai face à ces scènes d'une vie pourtant bien ordinaire une joie et un soulagement immenses. Ce peuple du matin, heureux et solitaire, formait la plus galvanisante des patries. Les matinaux savouraient ce temps interstitiel qui n'appartient qu'à eux, qui ne produit rien, qui ne coûte rien (ou si peu de choses) et dont ils retirent tant.

Ces moments sont autant d'actes de résistance apparemment minuscules face aux trajectoires bordées du quotidien. Ils s'apparentent à la *ruse*, telle que l'a théorisé une figure tutélaire de cet ouvrage, le philosophe, théologien et historien Michel de Certeau. Penseur incontournable du quotidien au XXe siècle, Certeau développe une théorie originale à rebours des idées foucaldiennes largement prédominantes à l'époque[1]. Dans *L'Invention du quotidien*, il décrit un univers composé d'individus qui, loin d'être passifs et instrumentalisés par la société de consommation, sont des êtres *rusés*, porteurs d'une « fonction créative ». Maîtres de leurs actions y compris les plus anodines, leurs ruses ne se manifestent pas toujours là où on les attend. La « gueule de bois », avec son engourdissement, sa mélancolie et

1. Dans *Surveiller et Punir*, notamment.

sa lenteur imposée, loin des diktats productivistes matinaux, est, par exemple, l'un de ces états. Plus cinématographique, on en trouve un autre exemple archétypique dans le *Vanilla Sky* de Cameron Crowe, lorsque David Aames (Tom Cruise) décide, en quittant son appartement de Manhattan, d'emprunter non pas le carrefour de gauche qui l'emmènerait vers ses bureaux où il est attendu à 8 h 45, mais celui de droite qui, au grand dam de ses associés, le conduira à son club de squash. Il y en aura, bien entendu, beaucoup d'autres. Au fond, c'est aussi ce que dit Goldman dans sa chanson, qu'une interprétation paresseuse limiterait au seul anathème, mais qui est en réalité une invitation à déjouer la malédiction matinale : *Matin innocence, matin intelligence / C'est toi qui décides du sens.*

Le matin est donc le lieu de l'ambivalence ; il est aux jours ce que le printemps est aux saisons chez Jankélévitch : rencontre sensible, promesse de renouveau, et en même temps marqueur d'un temps irréversible, parfois spolié, aliéné, prescrit. Comme le philosophe avait coutume de le dire à ses étudiants pour inaugurer son cours du mardi matin à la Sorbonne : « Ne perdez pas votre chance unique dans toute l'éternité, ne manquez pas votre unique matinée de printemps[1]. »

1. Vladimir Jankélévitch, *Le Je-ne-sais-quoi et le Presque-rien. Tome 1*, « La Manière et l'Occasion », Éditions du Seuil, 1980. Il faut lire la citation dans son intégralité pour bien comprendre la proximité entre nos deux objets : « Il n'est rien de si précieux que ce temps de notre vie, cette matinée infinitésimale, cette fine pointe imperceptible dans le firmament de l'éternité, ce minuscule printemps qui ne sera qu'une fois, et puis jamais plus. “Le coq chante et le jour brille. Lève-toi, mon aimé, c'est l'heure.” C'est l'heure : Hora ! Tout à l'heure, il sera trop tard, car cette heure-là ne dure qu'un instant. Le vent se lève,

Comme d'habitude

Poursuivons maintenant notre méticuleux travail de déconstruction de la malédiction matinale. Le tube de Jean-Jacques Goldman rappelle un autre hymne de notre patrimoine musical dépressif, le « Comme d'habitude » de Claude François, qui chante les matins comme parangons du routinier et du banal, comme *tue-l'amour*[1]. Un mot là-dessus. Les questions de couple, d'amour et de sexe sont loin d'être épargnées par cette malédiction. Le réveil à deux – et *a fortiori* le premier matin, auquel le sociologue Jean-Claude Kaufmann a consacré un éclairant ouvrage[2] – porte à son paroxysme toute l'ambivalence des sentiments matinaux.

Comme beaucoup d'adolescentes, j'ai été durablement fascinée et traumatisée à la fois par la lecture de *Belle du Seigneur* d'Albert Cohen et l'histoire de ses deux héros, Ariane et Solal. Pétrifiés dans un amour d'apparence et d'apparat, terrifiés à l'idée de se voir moins beaux ou moins nobles, les deux amants fuient la trivialité matinale, considérée comme le plus funeste des spectacles. Le bruit de la chasse d'eau, les gargouillements, les cheveux défaits, tout ce qui au réveil fait de vous un être à la fois plus humain et plus vulnérable est

---

c'est maintenant ou jamais. Ne perdez pas votre chance unique dans toute l'éternité, ne manquez pas votre unique matinée de printemps. »

1. Quelques extraits révélateurs, pour ceux de mes lecteurs qui n'auraient plus les paroles en tête : « Je me lève et je te bouscule / Tu ne te réveilles pas, comme d'habitude » ; « Et puis je m'habille très vite / Je sors de la chambre, comme d'habitude / Tout seul je bois mon café / Je suis en retard » ; « Comme d'habitude, on fera semblant ».

2. Jean-Claude Kaufmann, *Premier Matin. Comment naît une histoire d'amour*, Armand Colin, 2002.

perçu par les amants comme de puissants repoussoirs, les vouant à la destruction pure et simple de leur amour. « Les deux sublimes ne se voyaient jamais le matin », écrit Cohen, non sans cynisme à l'égard de ces deux fantoches éthérés. Si je pense avoir largement surmonté cette phobie adolescente, au point d'ailleurs de ne conserver de certaines histoires que de (bons) souvenirs matinaux, « l'effet Solal » demeure aussi nocif qu'inébranlable. Il a d'ailleurs ses dérivés contemporains : songez par exemple au *walk of shame*, cette « marche de la honte » infligée aux jeunes femmes qui, après avoir découché à la suite d'une soirée souvent alcoolisée, rentrent chez elles marquées par les stigmates de la veille. Il faudra, là encore, convoquer d'autres imaginaires, des amours domestiques, sereines, charnelles ou érectiles, et montrer combien elles peuvent être plus puissantes que leurs voisines nocturnes.

Rien ne s'oppose à la nuit

Il faut reconnaître aussi que le matin est lesté d'un imposant concurrent, qui est néanmoins son alter ego et son plus proche voisin : la nuit. Mutiques s'agissant du matin, sociologues, historiens, écrivains et poètes sont bien plus prolixes s'agissant de la nuit. Les raisons de ce déséquilibre sont nombreuses : mystérieuse, obscure et interlope, la nuit a toujours éveillé notre curiosité, fascinés que nous sommes de percer le mystère de ce qui se cache à notre vue. Sûrement aussi parce que la nuit est le témoin privilégié de l'histoire avec un grand

« H ». La nuit du 4 Août, les Vêpres siciliennes, la nuit de Cristal ou celle des Longs Couteaux n'ont pas leurs équivalents matinaux. Pas plus que *La Nuit des rois* ou *Les Mille et Une nuits* n'ont d'équivalents littéraires. Même chez un chantre du quotidien comme Rohmer, on passe chez Maud la nuit, on fait l'amour l'après-midi, on s'intéresse aux saisons et au genou de Claire, mais qu'octroie-t-on au matin ?

Avouons-le, il manque le subversif, le sulfureux à nos doctes matins silencieux. Ils ont pourtant une histoire aussi foisonnante qu'inattendue, dont l'œuvre de Kawara n'est pas tant une anomalie isolée qu'une suite logique, un aboutissement.

Dès l'Antiquité, le matin a son panthéon : la divinité primordiale Hêméra, déesse du jour, fille de Nyx et d'Érèbe, juchée sur son char d'or tiré de chevaux ailés, annonce chaque jour l'arrivée d'Hélios, le Soleil. Dans l'*Odyssée*, elle est « la matinale », « la première née » et partage ses attributs avec Éos, l'Aurore aux « doigts de rose ». Le mythe se poursuit dans l'Antiquité romaine, chez Ovide, Éos devient Aurora et « sa bouche ressemble à la rose du matin ; elle tient l'empire riant qui sépare l'ombre et le jour ; elle se nourrit de la céleste rosée[1] ».

Après la mythologie, l'histoire. Et celle du matin relève davantage du quotidien, des *sensibilités*, pour reprendre ce terme cher à Alain Corbin, qui en fut le grand inventeur et le plus stimulant commentateur, la hissant au même rang que ce que d'aucuns

1. Ovide, *Les Métamorphoses*, chant 7 (traduction de Guillaume-Thérèse Villenave), 1806.

qualifient de « grande histoire ». Songeons aux cérémonies du petit et du grand lever du roi à Versailles, dont Saint-Simon dans ses *Mémoires*, comme Sofia Coppola dans son *Marie-Antoinette*, ont décrit, chacun à leur manière, les fastes du temps des Bourbons et de la monarchie de droit divin. Jamais la documentation sur le lever n'aura été si abondante et en même temps si parcellaire et si peu représentative. Le XIXe, siècle de l'intime et du roman réaliste, le documente à sa façon, par les longues descriptions zoliennes, dans *Le Ventre de Paris*, *La Curée* ou *L'Assommoir*, du petit jour qui se lève sur les marchands des Halles, les amants du parc Monceau ou les ouvriers du faubourg Poissonnière. Les peintres de cette époque en feront aussi un sujet de prédilection. Les aubes romantiques de Friedrich, le soleil se levant sur Rouen ou Paris, peint par Pissarro, les petits déjeuners intimistes de Bonnard et Vuillard, les toilettes de Degas. Au siècle suivant, les matins colorés de Matisse ou ceux, plus tardifs et solitaires d'Edward Hopper, constitueront une exaltante, quoique trop discrète, iconographie matinale.

Ce rapide survol démontre la multiplicité comme l'éclatement des sources matinales. Il met aussi en évidence l'une des singularités de ce livre : le matin est moins un objet – sociologique, historique, économique – qu'un motif – littéraire, poétique, plastique. Trop longtemps confiné dans l'univers domestique, sa « réalité » se trouve moins dans les biographies et les livres d'histoire que dans les correspondances et les journaux intimes. J'irai donc la chercher partout où elle se trouve, en ouvrant des portes et des perspectives, en empruntant à toutes les disciplines qui pourront nourrir et enrichir mon sujet, sans distinction ni hiérarchie. Et si le résultat ne laisse pas un sentiment de désordre mais de foisonnement, s'il suscite curiosité plutôt qu'ennui, si, enfin, il (re) donne envie de se lever, alors j'aurai – un peu – réussi mon pari.

1

Mythologiques

«Les hommes vivent les yeux fermés au milieu des précipices magiques. Ils manient innocemment des symboles noirs, leurs lèvres ignorantes répètent sans le savoir des incantations terribles, des formules pareilles à des revolvers. Il y a de quoi frémir à voir une famille bourgeoise qui prend son café au lait du matin, sans remarquer l'inconnaissable qui transparaît dans les carreaux rouges et blancs de la nappe.»

Aragon, *Le Paysan de Paris*, 1926

À quoi reconnaît-on une mythologie, sans un Barthes pour en dresser, au fil des époques, le méticuleux inventaire ? Dans *On connaît la chanson*, film d'Alain Resnais sorti en 1997, Odile (Sabine Azéma) et Nicolas (Jean-Pierre Bacri), deux anciens amants désormais installés dans des ménages aussi routiniers qu'ordinaires, se retrouvent autour d'un dîner après plusieurs années d'absence. Nicolas s'est marié, il a deux enfants, il est fidèle, sa famille est heureuse, stable, exemplaire. Est-ce qu'Odile veut voir une photo ? Il en a justement une sur lui, ils sont tous les quatre, Nicolas, son épouse et leurs deux enfants, assis à table pour le déjeuner de Pâques ; ils sont beaux, n'est-ce pas ? Odile saisit la photo, cette image lui rappelle quelque chose… Mais quoi ? « Ah oui la publicité pour la chicorée, voilà, tu vois ce que je veux dire ? (…) Cette famille, tu sais, qui prend son petit déjeuner dans un champ de maïs ? »

Le matin et ses choses

Comme celles d'Odile chez Resnais, nos mythologies matinales ont la modestie d'une boîte jaune en métal circulaire, elles ont l'odeur rassurante du café moulu, elles se nichent dans les placards, ont leur place attitrée dans les frigos, remplissent les fonds de tiroir. Le cycle rassurant de leur existence garantit leur perpétuel retour : familier, sériel, immuable. Le matin est le lieu des objets et des choses. Chaque chose à sa place. Chaque chose en son temps. Enfant, le pot de confiture aux agrumes, son amertume et la sobriété de son étiquette appartenaient au domaine paternel, associé par je ne sais quel lien logique à son exclusive consommation. La boîte de Special K, sa promesse de légèreté et de minceur relevaient du domaine maternel. Au père le café, la baguette tranchée dans le sens de la longueur, la brique de lait et le petit pot de beurre. À la mère, le thé, le demi-pamplemousse, le miel et les biscottes. Univers mitoyens mais parfaitement étanches, assemblage d'unités solides et liquides qui forment ce domaine fascinant et rebutant à la fois, celui des nourritures adultes qui n'ont plus ni le goût ni la fantaisie de l'enfance.

Dans *Les Choses* de Perec, le couple que forment Jérôme et Sylvie n'aspire qu'à une chose : posséder. Ils rêvent d'une « cuisine vaste et claire, avec des carreaux bleus armoriés, trois assiettes de faïence décorées d'arabesques jaunes, à reflets métalliques, des placards partout, une belle table de bois blanc au centre, des tabourets, des bancs ». Il serait, pensent-ils, « agréable de venir s'y asseoir, chaque matin, après une douche, à peine habillé. Il y aurait sur la table un gros beurrier de grès, des pots de marmelade, du miel, des toasts, des pamplemousses coupés en deux. Il serait tôt. Ce serait le début d'une longue journée de mai[1].» Lorsqu'il écrit ce texte au milieu des années 1960, Perec nous montre que les choses ne nous appartiennent pas tant que nous leur appartenons. Avènement funeste d'une nouvelle forme de cristallisation, qui se construit non plus autour des êtres et des sentiments, mais des choses et de leur jouissance. Jérôme et Sylvie ont une idée très précise du bonheur matinal, un bonheur d'addition, équation sans inconnue, facile à résoudre.

Beurrier en grès + pot de marmelade +
miel + toasts + pamplemousses
= bonheur

Comme l'écrivent Pierre Singaravélou et Sylvain Venayre[2] dans un livre dont la finalité est précisément de restituer aux objets les plus quotidiens *leur étrangeté* : «Par un paradoxe apparent, les objets sont en réalité le meilleur biais, à l'échelle du monde, pour appréhender les humains.» Dans une société de consommation naissante et déjà hégémonique, le couple de Perec passe effectivement au second plan, aspiré par l'accumulation des objets qu'il possède, et plus encore par ceux qu'il voudrait posséder mais ne possède pas encore.

Les choses rassurent et le matin en est un formidable pourvoyeur. Petits objets faciles à acquérir car rarement

1. Georges Perec, *Les Choses*, 1965.
2. Pierre Singaravélou et Sylvain Venayre (dir.), *Le magasin du monde, la mondialisation par les objets du XVIIIe siècle à nos jours*, Fayard, 2020.

coûteux, faciles à manipuler car conçus selon des rouages basiques (un bouton, une languette, une résistance), faciles à remplacer. Ils sont de la normalité en barre, doses quotidiennes de conformité au monde et aux autres. Les objets du matin et les gestes qui les accompagnent forment chaque jour des cérémonials tranquilles et rassurants. Nos trajectoires matinales sont faites de ces minuscules étapes, topographie domestique qui nous mène d'un objet à un autre, avec régularité et constance. Du radio-réveil à la lampe de chevet, de la bouilloire au grille-pain, du gel douche au placard à la porte que l'on claque. 7 h 42. 8 h 12. 8 h 47. Chambre, cuisine, salle de bains. Délicieusement mécaniques, ils s'imposent à nous sans que nous n'interrogions ni leur provenance ni les conditions de leur maintien. D'où tiennent-ils leur évidence si tenace ? Pourquoi 7 h 42 ? Pourquoi pas 45 ou 46 ?

J'ignore si mon père a jamais vraiment possédé sa confiture d'oranges ou si c'est elle qui le possédait. Je ne pense pas qu'elle ait jamais exercé sur lui une forme de contrôle ou d'emprise, pas plus qu'elle ne serait le symbole d'un capitalisme triomphant, se nichant dans la moindre de nos habitudes et des objets qui les entretiennent. Mais je peux dire avec certitude que l'univers matinal familial était nourri d'images et d'influences qui l'ont façonné, orienté, contraint peut-être parfois. Dans un jeu adroit de mise en abyme, Resnais montre ainsi à l'écran ce que les écrans nous renvoient : la famille modèle en deux dimensions, trois tasses, cinq sourires et vingt secondes.

Le soleil du matin doucement chauffe et dore…

La chosification du matin est un phénomène d'autant plus intéressant qu'il s'est construit sur un univers *a priori* vierge de toute considération matérielle. Univers poétique et mystique, contemplation de la nature et du temps, émerveillement face au jour qui renaît : tel est le terreau primordial des matins. Ce terreau si fertile dans lequel ont puisé les poètes : la « Prière du matin » d'Agrippa d'Aubigné, le « lumineux matin » d'Anna de Noailles, « L'aube de juin » de Claudel, la grandiloquence latine d'un Hugo qui s'exclame : « *Moriturus moriturae* ! / Le voile du matin sur les monts se déploie. / Vois, un rayon naissant blanchit la vieille tour ; / Et déjà dans les cieux s'unit avec amour, / Ainsi que la gloire à la joie, / Le premier chant des bois aux premiers feux du jour[1]. »

Le matin du poète avait quelque chose de totalisant et d'autosuffisant à la fois, source inépuisable d'une inspiration qui confinait au mysticisme, empreinte de religiosité, gloire de l'Antique : « Ainsi Vénus, parmi la floriture, / Au jour poignant que matines sonnèrent / Fit de son temple ouvrir la grand clôture[2]. » Ces matins que la seule nature meublait de sa splendeur. Pour le ramener à cet état premier, il faudrait l'amputer de tout ce qui est en lui contingent et périssable. Et ne conserver que ce qui faisait l'émerveillement du poète. Quelle énergie, quelle créativité a-t-il fallu déployer pour

1. Victor Hugo, « Le Matin », *Odes et Ballades*, 1822.
2. Jean Lemaire de Belges, cité par Yvonne Bellenger, *Le jour dans la poésie française au temps de la Renaissance*, Études littéraires françaises, 1979.

combler ces espaces temps restés vierges, y insérer des besoins nouveaux, petites dépendances discrètes. Rancune à l'égard du vide, persécution des silences, haine de l'immatériel. Et la poésie finira elle aussi par prendre le pli des choses, comme dans le « Déjeuner du matin » de Prévert : « Il a mis le café / Dans la tasse / Il a mis le lait / Dans la tasse de café / Il a mis le sucre / Dans le café au lait / Avec la petite cuiller / Il a tourné / Il a bu le café au lait / Et il a reposé la tasse / Sans me parler[1]. »

Le soleil vient de se lever

La créativité poétique a trouvé sa digne héritière avec l'inventivité publicitaire. Portée par l'industrie agroalimentaire et l'électroménager, elle a contribué à la construction de nos imaginaires matinaux, et en particulier celui du petit déjeuner. Prenez quelques secondes pour rassembler vos souvenirs publicitaires d'enfance, vous y trouverez forcément un paquet de céréales, une bouteille de Tropicana ou un travelling surplombant de vastes plaines colombiennes, terres fertiles de votre café arabica. Un article[2] fait remonter au début du XXe siècle l'apparition du concept de « repas le plus important de la journée », théorisé par la diététicienne Lenna F. Cooper dans le magazine américain *Good Health*, alors propriété d'un certain… John Harvey Kellogg, inventeur des corn flakes quelques années plus tôt.

1. Jacques Prévert, « Déjeuner du matin », *Paroles*, 1946.
2. Clémence Labasse, « Le petit déjeuner est le repas le plus important de la journée : réalité ou slogan des lobbys ? », *Libération*, 14 juin 2019.

Les produits de la marque au K majuscule arriveront en France un demi-siècle plus tard, en 1968 (un an après la création de Lactel), charriant leurs images de familles idylliques et d'enfants aux sourires radieux, et entraînant dans leur sillage d'autres grands noms de l'industrie agroalimentaire, à commencer par Nestlé avec son ami Ricoré. Comme le suggère Resnais dans son film, les spots publicitaires de la marque sont incontournables au mitan des années 1980, et la boîte cylindrique passe du statut de modeste contenant à celui de mythologie matinale. Il est assez édifiant de revoir aujourd'hui ces premières publicités, concentrés de clichés qui, en vingt-cinq secondes, évoquent moins les années 1980 que les années 1950 : maisons en pierre au milieu des champs, petits enfants blonds courant dans les prés, parents et grands-parents guettant un facteur tout-puissant, sorte d'Hermès contemporain juché sur son vélo depuis l'aube. Mise en scène aussi factice que léchée, dont la crédibilité avoisine les valeurs négatives, tout ça pour une poudre brunâtre alliant café soluble, fibres de chicorée et sulfate de magnésium.

Enfants blonds + parents qui courent en souriant +
larges bols bleus + facteur + Ricoré
= bonheur

Ce décalage, l'incroyable conservatisme et l'imaginaire corseté de la marque n'érodent cependant pas la puissante industrie agroalimentaire, qui atteint son apogée dans les années 1990-2000. La saga des petites bouteilles de « lait actif » blanches et bleues en est l'une des illustrations les plus manifestes : la rapidité avec laquelle elles se sont imposées dans les foyers français et la confiance absolue envers leur promesse de « protection des défenses naturelles » laissent aujourd'hui songeur. Trouvaille marketing s'il en est, l'industrie agroalimentaire créait le premier « alicament », 100 ml de lait fermenté riche en sucre et dont les vertus n'ont jamais pu être prouvées scientifiquement (le dossier déposé auprès de l'Autorité européenne de sécurité des aliments [EFSA], qui devait en valider les bienfaits, est d'ailleurs retiré en 2010).

J'ai grandi dans cette décennie foisonnante, où chaque âge semblait pouvoir trouver sa traduction céréalière dans une nouvelle boîte en carton rectangulaire. Promesse sans cesse renouvelée de goûts et de sensations inédites, à portée de main sur les étalages des supermarchés ; débauche de couleurs et d'animaux fétiches en plastique manufacturé. L'abeille, le tigre, le lion et le singe formaient ce fabuleux bestiaire en même temps qu'ils couvaient de leur regard cupide des générations de jeunes consommateurs. Les étapes de la vie étaient comme scandées par leurs différents produits. Les céréales Crunch pour l'adolescent rebelle, réminiscence des Chocapic de l'enfance tout en revendiquant un croustillant déflagrateur. Les Special K au secours de l'adolescente complexée, attirée par la sobriété de leur emballage, marqueur présumé d'une alimentation sérieuse et équilibrée. Un ensemble indissociable de la tout aussi hégémonique bouteille de lait, cousine liquide qui promettait, au même moment, de vous faire voyager sur la « voie Lactel ». Autant de promesses mercantiles et mondialisées visant à renchérir et, pour cela, à rendre plus désirables, les produits les plus essentiels et les plus communs (les céréales, le lait). C'est toute l'entreprise dénoncée par Naomi Klein dans *No Logo*, celle du «*branding*» de ces matières premières, auxquelles on confère une valeur symbolique et marchande dès lors qu'on leur accole une marque… et un logo. Les flocons d'avoine Quaker Oats en sont le parfait exemple. Sur les boîtes de porridge du monde entier, on retrouve le portrait centenaire de Larry le quaker, qui rappelle l'esthétique des gravures d'époque et dont le *Wall Street Journal* révélait en 2012 qu'il avait été aminci et rajeuni par la marque, soucieuse de communiquer sur le caractère sain du produit[1]. Privatisé, logoté et bientôt mondialisé, comme le rappelle Klein pour qui les velléités expansionnistes et uniformisantes américaines se traduisent, à la fin du XXe siècle, par ces images «de jeunes blonds aux yeux bleus mangeant des céréales Kellogg's à la télé japonaise[2].»

Du lait à la tribune

La prescription alimentaire est également une question politique. En France, en 1954, Pierre Mendès France, alors président du Conseil, instaurait le «verre de lait quotidien» pour les écoliers du pays, sans logo mais avec un slogan : «Pour être studieux, solides, forts et vigoureux, buvez du lait !» Une mesure vouée à lutter contre la dénutrition et à endiguer l'alcoolisme (il était encore courant à l'époque de donner du vin aux enfants

1. Sarah Nassauer, «'Larry,' Quaker of Oatmeal Fame, Gets a Makeover», *The Wall Street Journal*, 29 mars 2012.
2. Naomi Klein, *No Logo. La tyrannie des marques* (traduction de Michel Saint-Germain), Actes Sud, 2002.

le matin[1]), mais également à écouler une production laitière alors surabondante. Barthes dans ses *Mythologies* fait alors de PMF buvant son verre de lait un fringant Popeye en costume cravate : « Allure volontairement mythologique : lait bu à la tribune, comme le spinach de Mathurin[2]. » À la fin des années 1970, les distributions des surplus de lait dans les écoles sont subventionnées par la Communauté économique européenne pour répondre à ces mêmes enjeux. La consommation de céréales le matin aux États-Unis se trouvait, elle aussi, au croisement d'enjeux politiques, industriels et de présumées bonnes mœurs. L'inventeur des corn flakes John Harvey Kellogg, convaincu que la nutrition avait une incidence directe sur la moralité de ses contemporains, était l'ardent promoteur d'un régime frugal et sain, dans une Amérique encore très corsetée et conservatrice. Loin de chercher à séduire et amuser des générations d'enfants, ce sont bien les pulsions sexuelles des consommateurs que le docteur Kellogg voulait éradiquer : une nourriture insipide ne pouvant, par un mimétisme parfaitement contestable, que réfréner le vice de ceux qui la digèrent. Comme l'explique l'historien Brian C. Wilson, à l'origine des célèbres céréales, c'est en réalité une campagne antimasturbation qui se jouait[3].

1. C'est en août 1956 seulement qu'une circulaire du ministère de l'Éducation nationale interdit les boissons alcoolisées pour les enfants de moins de 14 ans dans les cantines scolaires.

2. Roland Barthes, « Le vin et le lait », *Mythologies*, 1957.

3. Barbara Marty, « À l'origine de Kellogg's : un combat antimasturbation », France Culture, 18 août 2021.

La fin de l'innocence

Mais cette confiance aveugle dans l'industrie agroalimentaire s'émousse peu à peu. En 2016, un article du *New York Times*[1] décrit la lente érosion du marché de la céréale dans le monde, qui serait passé de 13,9 à 10 milliards de dollars entre 2000 et 2015. La montée en puissance du bio et l'attention particulière accordée au contenu des aliments expliquent, en particulier en France, une partie de ce phénomène. L'apparition des applications consacrées au bien-manger, à l'instar de Yuka[2], ne fera qu'accélérer cette défiance.

Les choses du matin luttent alors pour leur maintien, elles refusent de perdre leur hégémonie et le pouvoir qu'elles exercent sur notre quotidien. Mais au-delà de la boîte jaune et du bol de céréales, c'est le petit déjeuner lui-même qui tend à disparaître : selon une étude[3], un tiers des enfants et un quart des adultes font l'impasse sur ce repas. Plus intéressant encore, l'étude révèle un phénomène d'individualisation progressive du petit déjeuner, sous l'effet des préférences personnelles et du rythme de chacun. L'engouement récent pour les jeûnes intermittents finira de conforter cette tendance. Le rituel du petit déjeuner en famille s'estompe, au profit de pratiques plus solitaires, elles aussi largement couvertes par l'offre industrielle et publicitaire. Le succès des

1. Kim Severson, « Cereal, a Taste of Nostalgia, Looks for Its Next Chapter », *New York Times*, 22 février 2016.

2. Yuka est une application mobile qui permet de scanner le code-barres des produits alimentaires et d'obtenir une information sur l'impact du produit sur la santé.

3. P. Hébel, « Le petit déjeuner, un repas essentiel de plus en plus délaissé et simplifié », Sourcing Crédoc, n° Sou2015-491, août 2015.

machines expresso, optimisées pour la préparation du café individuel, illustre ce changement. Les nouvelles publicités pour les capsules de café mettent désormais en scène des trentenaires épanouis dans de grands appartements sans enfant, qui boivent des cafés serrés et dansent (il leur arrive de voler aussi). Ils sont, nous dit-on, « intensément vivants ». Ils assument peut-être surtout le plaisir des matins solitaires, comme ceux de Mahmoud Darwich[1], qui écrivait si brillamment dans *Une mémoire pour l'oubli* : « Le café, pour l'amateur que je suis, c'est la clé du jour. Le café, pour le connaisseur que je suis, il faut se le préparer soi-même et ne pas se le faire servir. Car celui qui vous l'apporte y ajoute ses paroles, et le café du matin ne supporte pas le moindre mot. Il est aube vierge et silencieuse. L'aube – mon aube – est étrangère à la moindre parole. L'odeur du café hait le moindre bruit, fût-ce un simple bonjour, et se gâte. » Audrey Hepburn déambulant seule sur la cinquième avenue avec son croissant et son americano s'était affranchie, avant tout le monde, de cette hypocrite hégémonie du collectif.

Matin + expresso – enfants – facteur
= bonheur postmoderne

Et c'est Ricoré qui doit se réinventer. Moins de premier degré, un peu plus de modernité et d'humour. « Devenez du matin », dit son nouveau slogan, dans un spot publicitaire qui met en scène un quadragénaire

1. Mahmoud Darwich, *Une mémoire pour l'oubli. Le temps : Beyrouth, le lieu : un jour d'août 1982* (traduction d'Yves Gonzales-Quijano et Farouk Mardam-Bey), Actes Sud, 1994.

submergé de tracas, représentés à l'écran par de petits dessins noirs qui le poursuivent du lit jusqu'à sa douche, avant qu'il ingurgite le puissant breuvage, qui fait disparaître l'encombrant nuage, mais le résultat peine à convaincre.

Douches froides et croissants chauds

L'industrie agroalimentaire a néanmoins quelques puissants alliés. Le cinéma et la littérature sont d'autres grands pourvoyeurs de mythologies matinales. Dans *La Première Gorgée de bière*, l'écrivain Philippe Delerm consacre trois de ses trente-quatre « plaisirs minuscules » au matin : l'achat des pâtisseries pour le déjeuner du dimanche; la quête des croissants chauds et la lecture du journal. Trois topos universels, déclinaisons artisanales de l'épopée industrielle décrite plus haut. Il y a dans les descriptions de Delerm quelque chose d'authentique, de charmant et de factice à la fois. Le lecteur enthousiaste y retrouvera sans doute une anecdote, un détail qui lui rappelle sa propre expérience. Mais cette expérience est bien souvent une construction, celle du « garçon de café » de Sartre dans *L'Être et le Néant*. Le philosophe y illustre la contingence de nos libertés individuelles par la figure (bien connue des Parisiens de l'époque) du garçon de café : ce serveur qui joue au garçon de café, en mime les gestes, avec cette conscience aiguë de ce qu'il est en train de faire – c'est la même chose chez Delerm (peut être aussi chez votre père, votre mère ou votre compagnon) qui se regarde être ce bon père de famille. « C'est, écrit Delerm, comme si le matin d'hiver se faisait croissant de l'intérieur, comme si l'on devenait soi-même four, maison, refuge. On avance plus doucement, tout imprégné de blond pour traverser le bleu, le gris, le rose qui s'éteint. Le jour commence, et le meilleur est déjà pris[1]. »

Car que fait réellement celui qui va chercher des viennoiseries en se levant le matin ? Sans donner à cette initiative une gravité ou une profondeur qu'elle n'a assurément pas, on ne peut négliger les clichés conscients qu'elle charrie et la satisfaction de soi qu'elle procure. Plus qu'une bonne action généreuse, elle est, pour celui qui l'accomplit, une première petite case cochée, garantie de procurer à d'autres une portion de bonheur incontestable. Ça n'est pas un hasard si cette tâche revient souvent aux pères de famille, qui en sont les maîtres occasionnels et autoproclamés. Fierté de nourrir sa tribu, butin de chasse que l'on ramène aux siens à l'aube, accomplissement d'un devoir domestique élémentaire mais fondamental.

Michael Sheringham, professeur de littérature française à l'université d'Oxford, a fait du livre de Delerm une lecture édifiante dans *Traversées du quotidien*[2]. Tout en reconnaissant le rôle majeur de l'auteur dans « la réévaluation spectaculaire du quotidien en France dans les années 1990 », il nuance l'authenticité des plaisirs décrits, reconnaissant volontiers avoir l'impression « de se trouver face à une série de publicités vantant on ne sait trop quel produit ». Image lisse et éprouvée d'un

1. Philippe Delerm, *La Première Gorgée de bière*, Gallimard, 1997.

2. Michael Sheringham, *Traversées du quotidien. Des surréalistes aux postmodernes* (traduction de Maryline Heck et Jeanne-Marie Hostiou), PUF, « Lignes d'art », 2013.

quotidien « “clés en main”, marchandisé, imprégné de la nostalgie de l’auteur pour un style de vie champêtre ressemblant à celui des livres d’images, où l’on a le temps de savourer les petits plaisirs de la vie. » Univers de publicité dans lequel tout va toujours bien, où rien n’est remis en question et, plus encore, où tous les objets, même les plus insignifiants, existent indépendamment de tout système social ou économique.

Le cinéma procure régulièrement cette même impression. Les scènes de petit déjeuner familial dans de vastes cuisines américaines sont légion, en particulier dans les années 1990. Avec quelques déclinaisons mythiques, comme cette scène de *Chérie, j’ai rétréci les gosses* où le père de famille manque de manger son propre fils flottant dans son bol de Cheerios où il est tombé par accident.

Mais, tu sais bien que ton père ne boit pas de lait !

Dans chacune de ces scènes, le monde des adultes et celui de l’enfance se confrontent et se côtoient dans un jeu de miroir et d’opposition. La jeunesse semble y avoir l’avantage, plus libre, encore émerveillée (le bestiaire fait de fauves et autres animaux de la jungle décrit précédemment aide beaucoup). L’inversion des rôles y est d’ailleurs régulièrement mise en scène, sorte de carnaval matinal où l’enfant devient maître et donc prescripteur. Le *Matilda* de Danny DeVito illustre et plébiscite cette toute-puissance de l’enfance, quand la petite fille prodige prépare méticuleusement ses pancakes dans la cuisine laissée vide par des parents aux abonnés absents. On retrouvait déjà, dans *Kramer contre Kramer*, une inversion des rôles similaires lorsque Ted Kramer (Dustin Hoffman) se retrouve seul avec son fils Billy, incapable de lui préparer son petit déjeuner sans mettre le feu à la cuisine. Une scène qui fait écho à une autre séquence virtuose du cinéma mondial, dans *Le Kid* de Chaplin, où le petit John prépare, avec la même application, des montagnes de pancakes pour son Charlot de père.

Ce retournement des responsabilités, du *Kid* de 1921 aux publicités pour le lait allégé (souvenez-vous, cette petite fille qui ressemble d'ailleurs beaucoup à Matilda et qui fait la leçon à son père, lui vantant les bienfaits d'un lait facile à digérer), s'apparente à une vaste entreprise de séduction de l'enfant, auquel on confie autorité et pouvoir : celui d'une consommation souveraine, à laquelle les parents n'ont d'autre choix que de se plier.

Toutes les bonnes choses ont une fin

Mais le cinéma sera aussi parmi les premiers à dénoncer le caractère aliénant de ces fantasmagories matinales. Dans la scène d'ouverture du film *American Beauty*, le décor enchanteur d'un quartier pavillonnaire nord-américain sert non plus de propagande du bonheur occidental mais de miroir grossissant de son hypocrisie. « J'ai 42 ans. Dans moins d'un an, je serai mort[1] », dit la voix off de Lester Burnham (Kevin Spacey) avant que son réveil sonne. Toutes les conventions du rêve américain défilent alors à l'écran : le jour se lève sur la grande maison blanche des Burnham, son voisinage

1. « *I'm 42 years old. In less than a year, I'll be dead.* »

sympathique, ses chiens, sa femme qui jardine pendant que son époux sort du lit. Lester Burnham nous introduit dans sa routine quotidienne, des pantoufles enfilées au saut du lit à la masturbation sous la douche, routine d'un foyer *a priori* normal, mais qui est en réalité le témoin d'existences misérables, faites de mensonges et de mesquineries. « Et en un sens, je suis déjà mort[1]. » Prisonniers de leurs routines et de leurs conventions, les Burnham ne tarderont pas à exploser, engoncés dans un quotidien dont ils ont cessé depuis longtemps d'être les maîtres. Il n'est pas anodin que le réalisateur Sam Mendes ait choisi le matin pour ouvrir sa brillante satire sociale.

Cette scène prolonge et entérine les intuitions de Perec dans *Les Choses*, en leur donnant une gravité supplémentaire, propre à son époque : l'illusion du bonheur matériel, la superficialité abyssale de trajectoires seulement guidées par la possession et l'étalage vulgaire de ce que l'on croit posséder. Les pantoufles de Lester sont comme le beurrier en grès de Jérôme, de minuscules détonateurs dont la déflagration ne peut être évitée que lorsqu'on les reconnaît pour ce qu'ils sont : de simples choses.

1. « *And in a way, I'm dead already* »

2

Rituels

« À la maison, une routine très précise régulait
les occupations du matin, décidant
de l'usage de la cuisine, de la salle de bains, des toilettes.
L'objectif était d'éviter les face-à-face,
parce que personne ne se levait du bon pied
chez les Casati. »

Nicolas Mathieu, *Leurs enfants après eux*, 2018

Vingt et une minutes et douze secondes. C'est le temps que la caméra de Chantal Akerman passe à scruter les gestes matinaux de Jeanne Dielman, au 23, quai du Commerce, 1080 Bruxelles, dans le film qui porte son nom et son adresse[1]. Vingt et une minutes et douze secondes de petites tâches qui s'enchaînent de façon mécanique, sans entrain et sans heurt, seulement ponctuées par le bruit d'une porte qui grince ou d'un interrupteur que l'on éteint. De la chambre à la cuisine en passant par la pièce commune où dort Sylvain, le fils, les plans fixes et austères se succèdent presque sans ellipse et se répètent à l'identique sur les trois jours que dure ce film de plus de trois heures. Enchaînements mécaniques, intérieur claustral, répétitions rigoureuses, discipline monacale : toujours la même histoire, celle d'une tragédie à partir d'une tasse de café. Œuvre inclassable, huis clos féministe visionnaire, le film d'Akerman dissèque avec la rectitude de l'ethnologue le quotidien aliénant d'une femme prisonnière de son

1. Chantal Akerman, *Jeanne Dielman, 23, quai du Commerce, 1080 Bruxelles*, 1976, 202 minutes.

intérieur. Trop souvent réduit à ses longues scènes d'épluchage de patates dans une cuisine sinistre, *Jeanne Dielman* documente l'existence morose et routinière d'une jeune veuve universelle, interprétée par la sublime Delphine Seyrig, tout à la fois prostituée, madone et mère courage.

Après avoir vu ce film dans son intégralité (3 h 22), je me souviens avoir porté une attention inhabituelle à chacun de mes propres gestes. Cette plongée dans la vie de Jeanne, sans fioriture, sans musique et presque sans dialogue, vous fait l'effet d'une immersion troublante, à la limite de l'envoûtement, dans un quotidien ouaté, capiteux et *en temps réel*, sorte d'avant-garde élégante de la télé-réalité, où toute votre attention se porte sur la succession de gestes apparemment anodins et le suspens qui, malgré tout, accompagne leur accomplissement (Va-t-elle refaire une fois de plus la même chose ? Que va-t-elle manger à midi[1] ? Va-t-elle sortir de son calme déroutant, envoyer tout valser[2] ?). Derrière les gestes matinaux de Jeanne, chorégraphie routinière et répétée, ce sont en réalité les vôtres, ceux de votre mère, d'une amie, d'un parent que la caméra vous renvoie. Les gestes que vous connaissez mais aussi et surtout ceux que vous ne connaissez pas, qui se déroulent dans l'intimité des foyers, quand les enfants partent à l'école ou qu'ils dorment encore, que l'on fait quand on ne fait rien, dont seuls ceux qui les pratiquent maîtrisent parfaitement la science, aussi singulière qu'inexacte.

1. Une escalope milanaise.
2. Elle ne le fera pas.

Les miens, les siens, les leurs, à quoi tiennent-ils ? Et sont-ils si différents ?

De l'ambivalence de la répétition

En 1975, lorsque le film d'Akerman est présenté à Cannes, l'industrie de la *morning routine* est encore inexistante et la dissection du quotidien ne peut être conçue que comme un geste politique, engagé, derrière le dénuement formel et la grande austérité de l'objet cinématographique qui le porte. Un an plus tôt, Ingmar Bergman déroulait sur 2 h 49 une démonstration à peu près similaire, à peine plus rieuse et colorée mais infiniment plus bavarde, la jeune veuve qui se prostitue étant remplacée par un couple de bourgeois intellectuels suédois. Dans ses *Scènes de la vie conjugale*[1], le couple formé par Johan et Marianne, engoncé dans un quotidien apparemment idéal, finissait par imploser sous l'insoutenable légèreté de son paraître. Le lit conjugal, soir et matin, était complice et témoin de cette lente déflagration.

Si l'un comme l'autre de ces deux films a effectivement permis de montrer toute l'aliénation de l'univers domestique, en particulier chez les femmes, il serait regrettable et surtout infiniment trop réducteur de limiter la répétition de gestes quotidiens à leur seul caractère aliénant.

Dans son formidable *Chez soi*, Mona Chollet permet de sortir de cette lecture trop binaire, en distinguant ce qui relève de la routine, d'une part, de ce qui appartient

1. Ingmar Bergman, *Scènes de la vie conjugale*, 1974, 169 minutes.

au rituel, d'autre part. La première se classerait du côté d'une répétition mécanique et subie, la seconde du côté des recommencements rassurants et souhaitables. « Autant, écrit-elle, l'on peut vivre comme une punition déprimante la répétition du même quand elle est subie, autant on peut, chez soi, refaire les mêmes gestes jour après jour avec volupté[1]. » Si la routine contrainte est funeste, le rituel rassurant est choisi. Indéniablement, les gestes de Jeanne D. filmés par Akerman se situent davantage du côté de la routine que du rituel, tout comme ceux de Marianne chez Bergman, qui remonte son petit réveil mécanique chaque soir avant de se coucher (geste récurrent qui semble avoir définitivement remplacé l'acte sexuel). C'est bien leur caractère aliénant, redondant qui est mis en scène, loin de la volupté qu'éprouvent les casaniers « ignorant l'ennui, satisfaits de ce qu'ils ont, dotés d'une capacité d'émerveillement sans cesse renouvelée devant un décor immuable.[2] »

Le rituel est donc tout autre chose. Il rejoint le plaisir procuré par ces habitudes qui ne deviennent habitudes qu'à force d'appropriation minutieuse et de perfectionnement. Aussi n'a-t-il d'existence propre qu'à compter d'un certain nombre de répétitions souhaitées, lorsqu'il s'installe dans le temps et dans l'espace, marqué par la volupté de ses retours, leur anticipation et leur maîtrise. Il devient rituel un beau matin, comme par surprise ou par effraction. Proust, pour qui « sans l'habitude et

1. Mona Chollet, *Chez soi. Une odyssée de l'espace domestique*, Zones, 2015.
2. *Ibid.*

réduit à ses seuls moyens, il serait impuissant à nous rendre un logis habitable[1] », en est un prosélyte inconditionné. Le héros de la *Recherche*, sédentaire invétéré, est bouleversé dès lors qu'on malmène son *habitus* et que l'on contraint la fixité de sa nature. Le changement de chambre, le réveil dans un lit inconnu, sont de violentes atteintes à son imprescriptible stabilité. Tout son rapport au rituel tient dans celui des « trois coups », chorégraphie connivente qu'il rejoue chaque matin avec sa grand-mère à Balbec : « Doux instant matinal qui s'ouvrait comme une symphonie par le dialogue rythmé de mes trois coups auquel la cloison pénétrée de tendresse et de joie, devenue harmonieuse, immatérielle, chantant comme les anges, répondait par trois autres coups. »

Plus trivialement, disons que le rituel est l'anti- « jour de la marmotte », scénario cauchemardesque vécu par Bill Murray dans le film portant le nom de ce petit mammifère rongeur, où il incarne un présentateur météo misanthrope, Phil Connors, captif d'une même journée qui recommence inlassablement[2]. Aux antipodes de ce *Jour sans fin*, le rituel nous dit que le quotidien n'est pas seulement aliénation, captivité et enfermement et que la répétition peut avoir une certaine forme de volupté. Cette consécration d'une habitude « positive » doit son affirmation récente et encore fragile à la réhabilitation du quotidien dans l'ensemble de ses composantes. Michel de Certeau, aux côtés de Georges Perec et de son « infra-ordinaire », en est l'un des princi-

1. Marcel Proust, *Du côté de chez Swann, tome I*, dans *À la Recherche du temps perdu*, 1913.

2. Harold Ramis, *Un jour sans fin*, 1993, 101 minutes. Le titre original du film est *Groundhog Day*, *Le Jour de la marmotte* au Québec.

paux artisans. Chez le théoricien de la « pratique de l'espace », les rituels sont des fragments volés, en marge des trajectoires bordées du capitalisme. Contrairement à Barthes, qui voit dans le quotidien un secteur colonisé par l'idéologie petite-bourgeoise et consumériste[1], Michel de Certeau troque la notion d'« aliénation » contre celle d'« appropriation ». Il faut reconnaître que la société de consommation est bien embarrassée face à la répétition. Dans un monde qui ne chérit rien tant que l'expérience, la nouveauté et la prodigalité, l'habitude est un fléau, piteuse manie du pingre, qu'il faut impérativement contenir. *Vous avez aimé les céréales deux chocolats ? Vous adorerez les céréales trois chocolats ! Marre de la grisaille parisienne ? Ne rêvez plus, demain partez sous le soleil de Cancún ! Fatigué des trajets quotidiens ? Optez pour une voiture qui vous donne envie de vous lever le matin !* Rompre l'habitude à tout prix pour créer des envies nouvelles, sans arrêt.

Alors que faire de celui qui *adore* les céréales deux chocolats ? Celui qui est bouleversé par l'ajout d'une troisième couleur dans son bol, si proche soit-elle des deux autres ? Celui qui, comme le petit Marcel, répugne à se lever dans un lit qui n'est pas le sien (à Cancún ou ailleurs) ? Le rendre accro. L'habitude crée aussi de formidables petites dépendances, où l'on se niche avec cupidité et délectation. L'habitude permet de récompenser la fidélité. Et quoi de plus probe et de plus beau qu'un client fidèle ? La société de consommation n'a donc jamais vraiment résolu son dilemme cornélien, confortant les uns dans leurs habitudes profitables,

1. Michael Sheringham, *op. cit.*

encourageant les autres dans un renouveau d'autant plus rentable.

La distinction du petit déjeuner

Mes céréales deux chocolats me permettent d'aborder à nouveau la question, centrale, du petit déjeuner. Repas lui aussi réputé routinier, il l'est en réalité infiniment moins qu'on ne le pense. La seule observance de sa régularité est déjà un enjeu pour beaucoup. Si les trois repas quotidiens demeurent des jalons structurants de nos journées, le premier d'entre eux s'avère moins synchrone que les deux autres, souvent sauté ou pris seul.

Il est surtout infiniment plus contraint, dépendant et révélateur de votre classe sociale.

Dans une enquête menée par deux sociologues, le présumé plus important repas de la journée met en jeu la respectabilité, et donc la distinction, des parents appartenant aux classes populaires supérieures[1]. Observer quotidiennement et avec régularité un petit déjeuner équilibré c'est se conformer à un attendu historiquement construit par une bourgeoisie attachée à l'ordre et au ménage bien tenu. C'est aussi concilier des impératifs qui souvent entrent en conflit temporel : impératifs économiques, professionnels, scolaires, alimentaires, là encore largement dépendants des différentes catégories sociales. Une mère de famille démarrant son travail très

1. Marie-Clémence Le Pape, Marie Plessz, « C'est l'heure du petit déjeuner ? Rythme des repas, incorporation et classe sociale », *Année sociologique*, PUF, 2017/1 (Vol. 67).

tôt, qui doit emmener ses enfants à l'école tout en quittant un foyer conforme aux normes établies d'ordre et de propreté, n'aura pas le temps de prendre un petit déjeuner complet. Elle n'aura pas ce temps pour elle mais elle veillera à ce que ce temps puisse bénéficier à sa progéniture.

Respecter cette norme, c'est donc faire la preuve que l'on est un foyer respectable ; l'enfreindre, c'est au contraire un aveu d'infériorité, de faiblesse, immédiatement corrélée à votre classe. « Il a mangé le petit ce matin ? » interroge, réprobatrice, la maîtresse d'école face à un élève fatigué ou déconcentré, comme un rappel à l'ordre et à la bienséance adressé à une mère présumée défaillante. Dans *Leurs enfants après eux*, Nicolas Mathieu décrit le quotidien d'une famille ouvrière dysfonctionnelle soumise à ces mêmes injonctions, à ces mêmes humiliations. À la suite d'un accident, les Casati – Patrick, Hélène et leur fils Anthony – sont accompagnés par une assistante sociale chargée de « faire fonctionner cette famille comme il faut ». Et fonctionner comme il faut, c'est partager les repas, c'est coller aux attendus colportés par les pubs Ricorée : « Les Casati, écrit Mathieu, avaient dû expérimenter ces petits déjeuners partagés, limite civiques et à l'américaine, avec céréales et fruits frais. Hélène se souvenait encore du bruit que faisait Patrick en aspirant son café. Elle revoyait le môme remuant son muesli. Il n'aurait pas été plus dégoûté si on lui avait donné de la boue. À la fin, elle lui avait dit d'aller boire son Nesquik devant la télé. Elle et Patrick s'étaient retrouvés seuls, incapables de dire un mot, humiliés[1].» Mathieu décrit aussi les matinées en solitaire que s'octroie régulièrement Hélène. Bouffées d'oxygène indispensables où, au lieu d'aller au travail comme le croient le père et le fils, elle se rend seule à la piscine municipale, pour bronzer, lire des magazines et jouir d'un corps de femme qui, l'espace de quelques heures, n'est plus le corps entravé d'une mère ou d'une épouse.

Le rituel du petit déjeuner a tout ici de l'aliénation et de la contrainte. C'est aussi ce qui se passe chez Jeanne Dielman, qui regarde son fils Sylvain prendre son petit déjeuner dans l'austère cuisine du foyer sans pour autant y prendre part. Elle surveille en surplomb, veille sans consommer elle-même autre chose que sa tasse de café, loin des images publicitaires faussement rieuses et conviviales que j'évoquais tout à l'heure. L'injonction dominante de manger quelque chose pèse donc sur le parent prescripteur, et non sur le parent «individu», auquel on pardonnera bien plus volontiers de se soustraire à cette obligation.

Make-up tax

Dans un article de *The Atlantic*[2] paru en 2015, une employée de Facebook interroge Hillary Clinton sur ses rituels matinaux, soulevant que chaque matin, alors que son petit ami quitte l'appartement, il lui faut trente minutes supplémentaires pour être fin prête. «Je me

1. Nicolas Mathieu, *Leurs enfants après eux*, Actes Sud, 2018.
2. Olga Khazan, «The Makeup Tax. Women who wear makeup earn more and are treated better. This has steep costs, in both money and time», *The Atlantic*, 5 août 2015.

demande comment la “taxe coiffure et maquillage” affecte le quotidien des autres femmes[1] », s’interroge la jeune internaute, avant d’ajouter, à l’adresse de la candidate à l’élection présidentielle américaine : « J’aimerais vraiment savoir comment vous arrivez à vous préparer chaque matin (surtout en tant que secrétaire d’État ou maintenant que vous êtes en campagne électorale) tout en vous concentrant sur le “vrai travail” qui vous attend ce jour-là.[2] »

Loin d’être anodine ou superficielle, cette question renvoie à un autre aspect de la routine matinale, que le film d’Akerman ne documentait pas encore, ou du moins pas de la même façon. Tout entière vouée à son foyer et à son fils, Jeanne Dielman ne passait que de très brèves secondes dans sa salle de bains le matin. Les séquences dédiées au maquillage étaient en réalité d’une tout autre nature, plus tardives et destinées à satisfaire les clients qui lui rendaient visite l’après-midi. La question de la jeune employée a d’ailleurs suscité l’intérêt de Clinton : « Amen, *sister*, tu prêches une convertie. C’est un défi quotidien. Je fais de mon mieux et, comme vous l’avez peut-être remarqué, certains jours sont meilleurs que d’autres[3] ! » lui a-t-elle répondu dans un post très largement repris et commenté par la suite.

1. « *I wonder about how the ‘hair-and-makeup tax’ affects other women.* »

2. « *I’d genuinely love to hear about how you manage getting ready each morning (especially during your time traveling as Secretary of State and now on the campaign trail) while staying focused on the ‘real’ work ahead of you that day.* »

3. « *Amen, sister, You’re preaching to the choir. It’s a daily challenge. I do the best I can – and as you may have noticed, some days are better than others !* »

Plusieurs calculs dont je ne garantis ni la rigueur scientifique ni la fiabilité ont tenté d'estimer à la fois le temps et l'argent consacré à ces routines matinales typiquement féminines. Selon la chaîne américaine Today, on se situerait aux alentours de deux semaines par an et par femme[1] ; selon d'autres calculs plus prudents, il faudrait compter au moins une dizaine de minutes par jour, soit deux journées par an (tout de même !). Le choix d'une tenue le matin, exercice universel et pourtant cornélien, peut également vous priver d'un temps précieux. Dans un portrait que lui consacrait *Vanity Fair* en 2012[2], Barack Obama confiait opter systématiquement pour les mêmes combinaisons de costumes, de chemises et de cravates, cherchant à réduire au strict minimum le nombre de décisions accessoires qu'il devait prendre au cours d'une journée, afin de préserver sa capacité à prendre d'autres décisions nettement plus importantes[3]. La chancelière Angela Merkel, dont on a tant de fois moqué l'austérité et la redondance vestimentaire, semble avoir retenu ce même précepte, au profit d'une efficacité politique que l'on pourrait difficilement contester. Mark Zuckerberg revendique avec la même conviction la monotonie de sa garde-robe, uniquement composée de tee-shirts gris : « Je dois faire en sorte

1. Melissa Dahl, « Stop obsessing : Women spend 2 weeks a year on their appearance », Today, 24 février 2014.

2. Michael Lewis, « Obama's way », *Vanity Fair*, 11 septembre 2012.

3. Une théorie validée scientifiquement par plusieurs chercheurs de l'INSERM dans une étude de 2016 publiée par le PNAS : Bastien Blain, Guillaume Hollard, Mathias Pessiglione, « Neural mechanisms underlying the impact of daylong cognitive work on economic decisions », 2016.

d'avoir aussi peu de décisions que possible à prendre dans ma vie quotidienne, sauf quand il s'agit de servir au mieux la communauté Facebook. » Steve Jobs arborait lui aussi chaque jour le même uniforme : pull col roulé noir, jean, baskets.

Ce temps « perdu » est encore une fois un temps sexuellement orienté, qui pèse davantage sur les femmes, et que la tendance récente du *no make-up* comme celle des cosmétiques pour hommes (elle aussi en pleine expansion) n'ont pas encore totalement bouleversé. Ce temps aurait aussi un coût : une trentaine d'euros par femme et par mois dans l'hexagone[1] selon certains sondages, coût encore aggravé par la désormais célèbre « taxe rose » qui renchérirait les produits féminins du quotidien sous le seul prétexte qu'ils sont conçus à destination des femmes. La plupart conditionnant leur efficacité à la constance et à la durée de leur utilisation, on revient au dilemme capitaliste et à la rétribution de la fidélité dont je parlais plus haut (qui n'est, dans ce cas précis, pas incompatible avec la nouveauté : même la plus fidèle des fidèles devra bien passer un jour d'une crème antiacné à une crème antirides).

Cet évident déséquilibre n'aura pour autant pas empêché d'attribuer à un homme, et non à une femme, la genèse et la notoriété de la *morning routine* contemporaine. C'est Patrick Bateman, personnage d'*American Psycho* (interprété par Christian Bale dans l'adaptation

1. Sondage BVA cité dans un article de *L'Express* : Camille Labatut, « Les Françaises dépensent en moyenne 30 euros par mois en maquillage », 1er juillet 2013.

cinématographique du roman), qui en serait l'inventeur de génie, dans cette scène mythique où il énumère un à un les gestes et les produits de beauté dont il s'enduit religieusement le corps et le visage chaque matin. Empreinte d'une certaine forme de gravité, la scène s'étire sur plus de deux minutes, rythmée par un morceau de piano qui lui confère une dimension quasi dramatique et mystique. L'enchaînement des exercices physiques comme l'énumération des marques de cosmétiques sont moins conçus comme les révélateurs d'une superficialité larvée que comme les adjuvants d'un caractère foncièrement différent, effrayant à bien des égards : celui d'un assassin psychopathe à tendance maniaque. Jamais on ne filmera de *morning routine* féminine avec la même profondeur (il y a certes moins de tueurs en série chez les femmes que chez les hommes) et cette scène (filmée par une femme, la réalisatrice Mary Harron) reste à ce jour la plus culte. Par un effet de loupe sexuellement biaisé, c'est donc un personnage masculin qui incarne à lui tout seul une pratique pourtant majoritairement féminine et décriée lorsqu'elle est l'apanage du beau sexe.

Eat that frog !

Si la rédaction de ce livre m'a permis de me replonger dans des lectures particulièrement stimulantes, il a aussi nécessité l'immersion dans des contenus dont la consommation m'était, disons, moins naturelle, mais où le matin se construit, se partage et s'analyse dans des proportions insoupçonnées : vidéos YouTube, comptes Instagram d'influenceurs et d'influenceuses (pratique qui, je dois le reconnaître, m'était déjà plus familière), mais aussi et surtout lectures d'ouvrages et écoutes de podcasts dits de développement personnel. En tentant d'aborder ces contenus sans *a priori* ni sarcasme, en y cherchant ce que d'autres avaient pu y trouver avant moi. Car c'est bien dans ce dernier champ que la production est la plus variée, la plus abondante et la plus consommée, mêlant témoignages personnels, références scientifiques et cas pratiques, entraînant l'adhésion de lecteurs et d'auditeurs toujours plus nombreux. Si le podcast est déjà, à lui seul, un véritable phénomène de société (on évoque le chiffre de 900 000 podcasts produits en 2020), le sous-genre consacré au développement personnel est une catégorie particulièrement fertile, l'objet « routine » donnant lieu à des développements là aussi pléthoriques. Parmi les productions francophones, le Canada est riche de contenus en la matière, imbibé de culture américaine, exaltant la singularité ou le caractère hors norme des trajectoires individuelles. Dans un épisode intitulé « La routine scientifiquement prouvée de la haute performance », le « spécialiste de la productivité personnelle » et podcaster Matthieu Desroches décrypte, avec son invité, les « secrets de productivité des gens hautement performants ». Si l'affirmation de l'existence d'un tel concept me paraît en soi plutôt contestable, ses fondements rejoignent et complètent les développements évoqués plus haut sur l'économie des choix matinaux. Le présentateur rappelle ainsi que le réflexe de survie du cerveau l'entraîne vers une maximisation de la gestion de son énergie. Le cerveau est donc demandeur de ces routines qui se mettent en place de façon automatique, sans nécessiter de sa part le moindre effort. La routine le rassure, elle lui permet d'économiser son énergie en anticipant chacune de nos actions. Au contraire, toute irrégularité, tout changement de programme, aussi vertueux puisse-t-il être par ailleurs, génèrera un stress, des connexions nouvelles et une dépense d'énergie. Dans son podcast, Matthieu Desroches fait également appel aux travaux de l'américain Brian Tracy, auteur du très populaire *Eat That Frog!* [1], qui recommande de commencer chacune de ses journées en « avalant le crapaud », c'est-à-dire de démarrer sa journée par la tâche la plus difficile, pour en être débarrassé par la suite. Tracy se réclame de Mark Twain, qui aurait dit un jour qu'il fallait manger une grenouille vivante tous les matins pour s'assurer que rien de pire ne pourra nous arriver dans la journée. Nouvel ersatz de contrainte matinale, comme si l'inutile et l'agréable devaient en être définitivement bannis, je décidais, à la fin de ma non moins religieuse écoute, de ne pas retenir cette préconisation-là.

L'avènement de la morning routine

Revenons un instant au film d'Akerman. Souvenez-vous, son objectif était bien de montrer ce qui, en général, était « hors champ », la face cachée de l'idéal domestique, son caractère aliénant, dissimulé, méprisé. Cette face qui n'intéressait pas le cinéma de son époque

1. Brian Tracy, *Eat That Frog! 21 Great Ways to Stop Procrastinating and Get More Done in Less Time* (en français : « Avalez le crapaud ! 21 bons moyens d'arrêter de tout remettre au lendemain pour accomplir davantage en moins de temps »), Berrett-Koehler, 2017.

pour la simple et bonne raison que son public ne voulait pas la voir. Un demi-siècle après sa sortie en 1975, force est de constater que l'on souffre davantage d'une surexposition du quotidien et de l'intimité, en particulier matinale, que du phénomène inverse, que l'on en viendrait presque à regretter.

La télé-réalité et les réseaux sociaux ont largement contribué à ce changement de paradigme, par l'étalage d'existences sans pudeur, recette infaillible de leur succès auprès d'un public voyeur et avide de buzz. Le cas d'Instagram est révélateur de ce changement et de son ambiguïté (pour ne pas dire, son hypocrisie). Les hashtags matinaux #MorningMotivation (« motivation matinale »), #HealthyBreakfast (« petit déjeuner sain »), #IwokeUpLikeThis (« je me suis réveillé comme ça ») se comptent par centaines de milliers et vous offrent de supposés instantanés du quotidien souvent travesti de ceux qui les postent. Ils plongent, en réalité, ceux qui les regardent et bien souvent les *likent* dans des abîmes de culpabilité et de complexes : pourquoi moi je ne me « réveille pas comme ça » ? Pas « aussi tôt » ? Ni « si motivée » pour courir quinze kilomètres, faire trente pompes, escalader un mur avec un sac à dos rempli de plomb ? Lutter contre ces injonctions par l'humour, c'est l'un des défis que s'est donné l'« anti-influenceuse » australienne Celeste Barber. Sur son compte Instagram parodique, elle reproduit des photographies supposées naturelles de célébrités, les projetant dans un quotidien antiglamour et gentiment moqueur. La vidéo de *morning routine* est, sans surprise, un terreau de pastiche particulièrement fertile pour l'actrice (voir notamment celle où elle imite les rituels matinaux de deux *it girls*, la mannequin et actrice britannique Rosie Huntington-Whiteley et la star de la télévision américaine Kendall Jenner). Le succès planétaire de ses publications (Barber a 8,4 millions d'abonnés sur son compte Instagram) participe d'une frémissante mais salutaire déconstruction des clichés matinaux associés au féminin.

L'univers des youtubeuses est lui aussi peuplé de vidéos de *morning routines* et de recommandations qui souvent confinent à l'évidence (buvez de l'eau ! lavez-vous les dents !), dont le nombre de vues se compte en centaines de milliers. Le succès sur YouTube est un phénomène aussi épatant qu'insondable : une parfaite inconnue postant des vidéos dans sa salle de bains, sans retouche ni montage, avec une lumière souvent approximative peut ainsi devenir, presque du jour au lendemain, une influenceuse vedette suivie par des centaines de milliers d'abonnés avides de recommandations et en quête de modèles « accessibles ». Il faudrait consacrer un livre entier à ce phénomène, que je n'hésite pas à qualifier de franchement fascinant, tant certaines chaînes YouTube à succès me plongent, par leur extraordinaire banalité, leur esthétique grossière et leur manque de second degré, dans des abîmes de perplexité.

EnjoyPhoenix, youtubeuse star aux 5 millions d'abonnés, est la version chimiquement pure de l'influenceuse beauté ouvrant grand les portes d'un quotidien qui peut pourtant sembler des plus ordinaires. Sur sa chaîne, pas moins de dix vidéos sont consacrées aux *morning routines*, observant quelques légères variations au fil des saisons et au gré de ses déménagements. Proustienne (sans le savoir), elle partage avec l'auteur de la

Recherche ce besoin de créer des habitudes pour s'approprier un nouvel habitat. Dans une vidéo d'août 2020 consacrée à son déménagement en Belgique (justement), comme Dielman filmée par Akerman dans son appartement du quai du Commerce, on passe d'une pièce à une autre, enchaînement de plans tout aussi fixes et de tâches tout aussi coutumières, auxquels viennent s'ajouter des conseils beauté prodigués face caméra. Là encore, il n'est pas question de rejeter en bloc les fondamentaux de cette industrie, pas plus que de nier la sincérité de ses principales figures ni l'admiration de ceux qui, par centaines de milliers, les regardent. La mise en valeur d'un quotidien revendiqué comme « vrai », et dont l'authenticité est infiniment plus convaincante que celle que prétend renvoyer la télévision ou même Instagram me paraît, au contraire, aller dans le bon sens, après des décennies de photos retouchées et de corps inanimés sur papier glacé. Mais il est regrettable que cette nouvelle dynamique, plus spontanée, plus personnelle et indéniablement plus vraie, ait été rattrapée par des enjeux commerciaux qui en travestissent les fondements, la majorité des posts et vidéos étant désormais sponsorisés. De Bateman à EnjoyPhoenix, la *morning routine*, lorsqu'elle est surexposée, se rapproche davantage de la marchandisation de pratiques intimes que du rituel souverain. Elle peut être une nouvelle forme d'aliénation, à rebours des luttes contre l'asservissement domestique et esthétique que le film d'Akerman avait pourtant lancé d'une façon si prometteuse.

L'ère du soupçon

Mais il faut reconnaître que la frontière entre routine et rituel est poreuse, changeante, et je serais bien incapable de ranger avec certitude chacun de mes gestes d'un côté plutôt que de l'autre. La joie même qu'ils peuvent procurer peut s'avérer douteuse. Est-ce le geste seul qui me rend heureuse ? Ou l'observation de son accomplissement qui me rassure ? J'évoquais dans le chapitre précédent le caractère profondément factice de certaines « mythologies » matinales, construites de toutes pièces par la publicité. Je soulignais à quel point l'observation de ces mythes de carton pouvait nourrir un sentiment d'accomplissement personnel, qui était avant tout un mirage socialement défini. Mais il existe, je crois, un malentendu miroir, celui du mythe de l'aliénation du quotidien : tout geste routinier ne peut être classé arbitrairement et définitivement comme aliénant par nature. La question se pose, une fois encore, avec une acuité toute particulière lorsqu'elle l'est au féminin. Peut-on être une femme libre, émancipée, *moderne*, tout en éprouvant une joie sincère en préparant son café et en étendant son linge ? Le pacte contemporain de la sororité est-il rompu dès lors que l'on s'approprie les gestes qui ont, dit-on, aliéné les générations de femmes qui nous ont précédées ? Vendue, celle qui se maquille de longues minutes chaque matin avant d'aller travailler ? Traîtresse, celle qui perd son temps devant son dressing ou son miroir ? Et que penser de celle qui préfère être en retard plutôt que de partir de chez elle sans avoir fait son lit ? Les judas, les transfuges seraient celles qui accepteraient l'héritage sans mot dire, celui de la domesticité et du paraître, s'y plongeant sans réserve dès le matin au réveil. Sans en mesurer parfaitement les ressorts, je me rangerai volontiers du côté des héritières averties. De celles qui ne reproduisent pas simplement les gestes mais se les réapproprient, les réhabilitent, leur donnent une seconde chance. Je ne saurais probablement jamais ce qu'auraient pu être ces deux minutes quotidiennes passées à faire mon lit si elles avaient été consacrées à une autre activité, pas plus que celles passées devant mon miroir tous les matins, mais je doute qu'elles puissent ouvrir des océans insoupçonnés et libérateurs, qu'une quelconque obsession de l'ordre et de l'apparence auraient pour trop longtemps dissimulées. Nier la violence qu'ont pu représenter ces gestes chez nos aînées serait une erreur. Considérer qu'ils sont intrinsèquement voués à nous asservir serait une bêtise.

3

Masculins féminins

« Les amants de l'aurore
Se donnent encore
Dans des lits froissés
Au cœur qui cogne encore.
Est-ce l'amour ou la mort
Qui les garde enlacés ? »
William Sheller, « Les Filles de l'aurore », 1983

Matin. Nom masculin. Xe siècle. Emprunté du latin *matutinum*, de même sens. 1. Les premières heures du jour. *La fraîcheur, la rosée du matin. Se lever de bon matin, de grand matin, tôt le matin*, de bonne heure. *Le petit matin*, le moment où le soleil se lève. *Partir au matin, au petit matin. L'étoile du matin*, nom donné à la planète Vénus, à ce moment du jour. *Du matin au soir, du soir au matin*, toute la journée, toute la nuit et, *fig*., sans interruption. Elliptiquement. Un médicament à prendre matin et soir. Adverbialement. Il s'est levé matin, fort matin, très matin.

Matinée. Nom féminin. XIIe siècle. Dérivé de *matin*. 1. La partie du jour qui s'écoule entre le point du jour et l'heure de midi. *Une belle matinée. Les matinées sont fraîches en cette saison. Il ne fait rien de toute la matinée. Une longue matinée de travail. Expr. Dormir la grasse matinée* (vieilli), *faire la grasse matinée, dormir tard, se lever très tard.*

Le matin a-t-il un sexe ? La langue française elle-même n'a pas voulu trancher, parlant aussi bien de la matinée que du matin, tout en admettant une large supériorité du second sur la première. Même épaulée par l'aurore et l'aube, la matinée n'occupe pas le vaste espace couvert par le matin, dont elle n'est finalement qu'une dérivée subsidiaire, regrettable erreur de la langue, rejeton spécieux de ses évolutions aléatoires. Les langues indo-européennes ne nous aident pas beaucoup non plus : *la mattina* en italien, *la mañana* en espagnol, *a manhã* en portugais. Mais *der morgen* en allemand, *το πρωί* en grec, bien que *morning* en anglais – consensuelle neutralité britannique.

Au-delà de ces interrogations terminologiques, sexe et genre sont deux clés de lecture particulièrement fécondes lorsqu'il est question du matin. Qu'il s'agisse des rôles assignés aux unes ou aux autres, ou des rapports matinaux entre les deux sexes : rapport de force, rapport à l'autre, rapport sexuel ou amoureux. Le matin se révèle perclus de codes genrés, engoncé dans de multiples représentations, qu'elles soient fonctionnelles, esthétiques ou langagières.

En débutant ce chapitre par un rappel au dictionnaire – celui de l'Académie française –, l'idée n'est pas seulement de donner, enfin, une définition canonique et incontestable de mon sujet (il serait temps après trois chapitres), mais bien de montrer tous les travers de la langue et leurs impacts sur nos imaginaires. Selon le dictionnaire donc, on se lève « de bon matin », mais on fait « la grasse matinée ». Une lecture marxiste peu étayée de cette distinction lexicale permettrait de tirer quelques conclusions stimulantes sur l'assignation d'un genre à un comportement, sur le déterminisme que le sexe des mots fait peser sur le sexe des hommes. Une lecture que chacun pourrait, à raison, juger paranoïaque et victimaire, mais que je voudrais prendre le risque de prolonger ici.

Faite pour dormir

«Moi je suis faite pour dormir / Au fil de l'eau qui se défile / Et rien ne peut me retenir / À part mon sommeil tranquille[1]», chantait Brigitte Bardot, dont la vie «se passe toujours en ciel de lit[2]». La figure lascive et langoureuse de BB – celle des films et non celle de la vie – du *Mépris* à *Et Dieu... créa la femme*, incarne à elle seule l'amalgame centenaire entre la femme et l'horizontalité, en opposition à un masculin érectile et vertical – à l'exception bien sûr de la Bardot en Harley. Elle est l'héritière de siècles entiers d'assignation à la nonchalance, fruit d'une rigoureuse asymétrie des genres, dont la géométrie tant dans l'espace que dans la vie se matérialise tout particulièrement le matin.

Revenons à la grasse matinée, expression de genre féminin apparue pour la première fois au XVIIe siècle sous la plume érudite de l'homme d'Église et lexicographe français Antoine Furetière. Il en livre une des premières définitions dans son *Dictionnaire* : «On dit

1. «Faite pour dormir», Chanson interprétée par Brigitte Bardot, musique de Claude Bolling, texte de Jean-Marc Rivière, 1963.
2. «Ciel de lit», autre titre interprété par Brigitte Bardot, musique de Gérard Bourgeois et Gloria Lasso, texte de Jean-Marc Rivière, 1964.

qu'une femme dort la grasse matinée pour dire qu'elle se lève tard et qu'elle se tient au lit pour devenir grasse, pour faire du lard[1].» Comportement féminin et par essence répréhensible puisque gras vient du latin *crassus*, dont la polysémie renvoie aussi bien à une chose épaisse – l'épaisseur des draps, celle du sommeil qui s'allonge – qu'à quelque chose de crasse, avec une connotation évidente de saleté. À l'entrée «matinée» de ce même dictionnaire, c'est encore une fois à une femme que Furetière fait appel pour illustrer sa définition : «Les femmes passent toute la matinée à s'habiller, ou elles dorment la grasse matinée.» Et entre les deux, pas d'alternative possible. L'amalgame est posé.

Son entrée canonique dans le dictionnaire ne vient en réalité que conforter une vision de la femme déjà largement répandue à l'époque. Dans les *Cent nouvelles nouvelles*[2], l'un des premiers recueils de nouvelles en langue française, on en retrouve déjà un éloquent exemple avec «Le curé cloué». Ce texte met ainsi en scène une belle et gracieuse femme (très probablement grasse aussi, ou qui s'emploie à l'être), mariée à un orfèvre qu'elle trompe allègrement avec son curé de voisin. Le mari travailleur se lève tôt le matin – «une heure ou deux devant le jour» –, et laisse sa femme «prendre sa longue crastine jusqu'à huit ou neuf heures, ou si longuement qu'il lui plaisoit.» La jeune femme profite ainsi des premières heures du jour, que son mari passe à labourer, pour recevoir son faux dévot d'amant

1. Antoine Furetière, *Dictionnaire universel, contenant généralement tous les mots françois tant vieux que modernes, et les termes de toutes les sciences et des arts*, première publication autour de 1684.
2. Recueil commandé par Philippe le Bon et achevé vers 1462.

dans sa chambre. Un serviteur jaloux finira, un matin, par révéler l'adultère à son maître. La géométrie des genres s'installe, avec une connotation doublement négative pour le féminin, chez qui le matin est à la fois un temps d'alanguissement mais aussi celui de la tromperie et de la duplicité. Chez l'homme au contraire, c'est le temps de l'action, du labeur et du dévouement.

Les exemples affluent ensuite tout le long des XVe et XVIe siècles. Sans multiplier les références indigestes (en vieux françois de surcroît), je voudrais en citer quelques-unes, comme ces vers issus du *Recueil de poésies françoises des XVe et XVIe siècles* : « Fille fetarde et paresseuse / Devient en la fin malheureuse. Fille ne doit prendre delyt / À trop dormir dedans son lyt. / Fille qui du matin se lève / Son affaire mieulx s'en achève. Fille qui dort grant matinée / En faict plus meschante journée. Fille qui ayme le repos / Ne faict rien qui soit à propos. » Ou encore celui-ci : « Si elle dort la grasse matinée, / C'est ton profit, d'autant qu'elle n'a pas / Tel appetit quand ce vient au repas, / Et son dormir luy vault demy-disnée[1]. » Même chez Ronsard, dont les poèmes sont peuplés de femmes solaires et divines (« Ces liens d'or, cette bouche vermeille, / Pleine de lis, de roses et d'œillets, / Et ces coraux chastement vermeillets, / Et cette joue à l'Aurore pareille[2] »), on voit déjà pointer cette connotation négative : « Mignonne, levez-vous, vous êtes paresseuse… (…) / Hier en vous

1. *Recueil de poésies françoises des XVe et XVIe siècles, morales, facétieuses, historiques*, réunies et annotées par Anatole de Montaiglon, 1858.

2. Pierre de Ronsard, « Ces liens d'or, cette bouche vermeille », *Les Amours*, 1552.

couchant vous me fîtes promesse / D'être plus tôt que moi ce matin éveillée, / Mais le sommeil vous tient encor toute sillée : / Ian, je vous punirai du péché de paresse, / Je vais baiser cent fois votre œil, votre tétin, / Afin de vous apprendre à vous lever matin[1]. »

C'est tout naturellement ensuite que l'iconographie viendra raffermir les représentations fixées par le langage, à grand renfort de chefs-d'œuvre. La peinture romantique, par une vision certes plus sensuelle et fantasmée, traduira par l'image cette vision tenace de la femme alanguie et horizontale, face à l'homme agissant et vertical. C'est par exemple le *Rolla* d'Henri Gervex, toile inspirée d'un poème éponyme de Musset, dont je rapporte ici quelques vers : « Rolla considérait d'un œil mélancolique / La belle Marion dormant dans son grand lit ; (...) / Quand Rolla sur les toits vit le soleil paraître, / Il alla s'appuyer au bord de la fenêtre. / De pesants chariots commençaient à rouler. / Il courba son front pâle, et resta sans parler. » Rolla se tient debout à la fenêtre, à gauche de la toile ; au centre, Marion, courtisane avec laquelle il a passé la nuit, est étendue, nue sur le lit défait, son corps vicié nimbé de la lumière du matin. Tout le courant orientaliste reprendra ensuite cette image, transposant la courtisane occidentale dans l'univers fantasmé de l'Orient. Odalisques alanguies et dénudées peuplent les harems de Benjamin Constant ou ceux de Théodore Chassériau, dans un savant mélange d'érotisme et de désœuvrement. Ces quelques exemples (il y en aurait beaucoup d'autres) démontrent comment

1. Pierre de Ronsard, Second Livre des Amours, *Continuation des Amours : Amours de Marie*, sonnet 23, 1555.

l'image de la dormeuse invétérée et paresseuse s'est forgée, charriant avec elle ses tenaces préjugés misogynes.

Plus ou moins consciemment, j'ai moi-même régulièrement veillé à contourner ces préjugés et leur encombrant héritage. Par fierté peut-être, par peur sans doute, je me suis souvent surprise à vouloir me lever la première, dans toutes les situations qui impliquaient un collectif, du couple aux vacances entre amis. Comme s'il fallait prouver quelque chose, comme si dormir trop longtemps pouvait être le révélateur d'un vice caché, d'une faille turpide qui soudain éclaterait au grand jour.

Les enquêtes sur le sommeil dont nous disposons aujourd'hui permettent pourtant d'infirmer ce puissant amalgame. Dans son enquête de mars 2019 sur le temps de sommeil des Français[1], l'organisme Santé Publique France relève une prévalence des femmes parmi les chronotypes dits « du matin ». Chez les 18-75 ans, 8 % des interrogés sont du matin dont 9 % de femmes contre 6,9 % d'hommes. Le temps moyen de sommeil pour vingt-quatre heures est de 6 h 53 chez les femmes, contre 6 h 57 pour les hommes. La grasse matinée du week-end s'étire, elle aussi, davantage chez les hommes : 47 minutes contre 40 minutes chez les femmes. Enfin, la « dette de sommeil » (soit le différentiel entre le temps idéal de sommeil et le temps réellement observé), est nettement plus importante chez les femmes que chez les hommes : 34 minutes pour les premières, 4 minutes seulement pour les seconds.

1. Santé Publique France, « Le temps de sommeil en France », Bulletin épidémiologique hebdomadaire, 12 mars 2019, n° 8-9.

On a abondamment commenté, ces dernières années, la façon dont le langage influait sur les comportements et les représentations, en particulier s'agissant de la place des femmes dans nos sociétés. On s'est alors concentré sur la féminisation de certains termes, les professions en particulier, l'emploi généralisé d'un masculin présumé neutre étant à l'origine d'une invisibilisation des femmes dans certains domaines. Les conclusions rendues en février 2019 par l'Académie française – qui rappelle, sans grande audace, qu'il n'existe aucun obstacle de principe à la féminisation des noms – n'auront pas suffi à clore un débat qui dépasse très largement cette seule question. L'exemple de la grasse matinée, sous ses airs apparemment anodins, dit beaucoup de la puissance d'amalgame que portent un certain nombre de discours et d'expressions. Si l'assimilation de ce comportement au genre féminin est aujourd'hui révolue (du moins, il me semble), elle aura tout de même perduré plus de cinq siècles, avec des conséquences que l'on conçoit toujours aisément, sur le rôle des femmes, leurs fonctions dans la société, leurs capacités aussi. Et le langage n'était que le premier canal de transmission, les autres formes d'expression prenant abondamment le relais par la suite.

Les éveillées ou la révolution verticale

Dans un mouvement de géométrie axiale parfaitement exécuté, et au terme de cinq siècles d'assignation à la nonchalance, la femme alanguie finit par disparaître. Un mouvement qui doit d'ailleurs beaucoup aux femmes elles-mêmes. Je pense tout particulièrement aux femmes peintres, notamment impressionnistes, qui ont repris le motif du lever matinal en le rendant infiniment plus nuancé et subtil. On retrouve chez Berthe Morisot, Mary Cassatt ou Eva Gonzalès cette même douceur sensuelle associée aux matins, mais loin des figures ultra sexualisées ou vicieusement nonchalantes des peintres masculins de la même époque. Le triptyque d'Eva Gonzalès qui retrace les trois étapes du lever, *Le Réveil*, *Le Sommeil* et *L'Alcôve*[1], en est un bel exemple. Comme le si joli *Lydia Cassatt Reading the Morning Paper*, de l'Américaine Mary Cassatt[2], chez qui une femme le matin peut s'emparer d'un attribut alors exclusivement masculin : la lecture du journal. Voilà les tableaux qui auraient dû nourrir nos imaginaires.

La grasse matinée et l'horizontalité deviennent même, dans un changement de paradigme assez impressionnant, une histoire d'hommes. Quelques figures archétypiques incarnent ce basculement : celle d'Oblomov au mitan du XIXe siècle, celle de *L'homme qui dort* de Perec un siècle plus tard, *L'homme qui ne voulait pas se lever* de David Lodge ; le point culminant de cette masculinité défaillante et dévitalisée étant incarnée, au XXIe siècle, par l'antihéros houellebecquien.

Nous n'irons pas jusqu'à renverser l'amalgame d'un sexe à l'autre, mais force est de constater que la figure de l'homme léthargique, celle du *loser*, s'est construite progressivement, dans un jeu de parallélisme inversé, avec celle de la femme hyperactive, affairée, occupée

1. Eva Gonzalès, *Le Sommeil*, vers 1877-1878 ; *Le Réveil*, vers 1877-1878, *L'Alcôve*, vers 1875-1878.
2. Mary Cassatt (1844-1926).

tout à la fois par ses activités professionnelles et domestiques. C'est cette figure-là qui finit d'achever l'amalgame millénaire entre la femme et l'indolence, cette figure souvent victime de la «double journée». Les séries télévisées constituent l'un des marqueurs les plus significatifs de cette transition à partir de la fin du XXe siècle. Les mâles apathiques y font florès, tandis que les personnages féminins se voient confier des fonctions nouvelles, en même temps qu'une nature plus active et plus complexe, souvent représentés dans un quotidien éreintant, jonglant entre une carrière à mener, un foyer à tenir, des fonctions éminentes à assumer. On les voit souvent affairés dès le matin dans de vastes et rutilantes cuisines, préparant le petit déjeuner des enfants, répondant à un premier coup de fil professionnel, juchés sur de hauts talons et achevant de boutonner une chemise ou une veste de tailleur, attributs ultimes de la femme active et indépendante. Ce sont les *Workin' Moms* de la série de Catherine Reitman, les Lynette Scavo (*Desperate Housewives*), les Monica Geller (*Friends*), les Miranda Hobbes (*Sex and the City*) ou les Alicia Florrick (*The Good Wife*). Faites le test pour chacune de ces séries, vous y trouverez toujours une séquence similaire. Ces personnages sont autant d'exemples de verticalité féminine.

Ces portraits ne se limitent évidemment pas à l'univers lisse et policé des sitcoms américaines. Les travailleuses du matin ne sont pas de pures abstractions nées de l'imagination de scénaristes progressistes hollywoodiens, pas plus qu'elles ne sont toutes auréolées de glamour et de réussite, nous le verrons dans le chapitre consacré au travail du matin. Au point d'ailleurs que c'est l'effet inverse qui menace aujourd'hui la plupart des femmes. D'indolentes allongées, elles se sont hissées, en l'espace de quelques décennies à peine, en figures actives dont on attend une constante mise en tension. La « double journée » est, elle aussi, une réalité que les seules fictions télévisées ne parviennent pas à décrire dans toute sa complexité. La fin du XXe siècle a ainsi vu monter en puissance le travail féminin, sans pour autant entraîner une décélération équivalente du travail domestique. Le matin est le lieu privilégié de ce dédoublement : enfants à lever, habiller, nourrir, accompagner à l'école avant de prendre son poste et de démarrer cette deuxième journée, ce *jour bis*. Une étude de l'INSEE portant sur les inégalités sociales et la désynchronisation du sommeil au sein des couples révèle par exemple que, chez les employés et les ouvriers – particulièrement touchés par les rythmes décalés – les femmes consacrent quatre fois plus de temps que les hommes aux tâches ménagères pendant le sommeil de leur conjoint[1]. La présence d'un enfant dans le couple accentue encore davantage cette tendance. Tendance que confirme une autre étude de l'université du Michigan qui conclut que les femmes qui travaillent ont 2,5 fois plus de chances que les hommes d'interrompre précocement leur sommeil pour s'occuper de leurs enfants[2]. Et ce dédoublement concerne plus

1. Capucine Rauch, « Inégalités sociales et désynchronisation du sommeil au sein des couples », *Économie et Statistique*, n° 522-523, INSEE, 6 avril 2021.

2. Sarah A. Burgard, « The Needs of Others : Gender and Sleep Interruptions for Caregivers », *Social Forces*, Volume 89, Issue 4, June 2011

particulièrement encore les familles monoparentales, dont plus de 85 % sont des femmes.

Matins houellebecquiens

Faut-il s'en réjouir ? Les injonctions de productivité, d'efficacité et d'action qui pesaient sur le seul masculin visent désormais les deux sexes. C'est certainement pour cela d'ailleurs que la figure de l'homme apathique s'est construite en opposition à des siècles de culte de la performance, de l'érection sans limites, de l'affirmation d'une toute-puissance associée à un masculin qui n'en demandait pas tant. C'est exactement ce que décrit Yves Robert dans *Alexandre le Bienheureux*[1], lorsque son héros éponyme décide, à la mort de sa castratrice épouse, d'arrêter de planter des piquets verticaux par centaines dans son champ pour se concentrer sur son sommeil et sa jouissance.

Cette déconstruction d'une masculinité infaillible et inébranlable trouve son apogée chez Michel Houellebecq dont les romans offrent d'éloquents témoignages d'apathie masculine, quintessence d'un cynisme outrageux qui réduit l'humanité à la dépression, la solitude et l'indifférence. Des hommes en lutte, dans une société marquée par l'extension du libéralisme au champ sexuel. Quand ils ne passent pas leurs matinées dans les rayonnages des supermarchés, les héros houellebecquiens privilégient la position horizontale. Il est d'ailleurs rare qu'ils se réveillent autrement que dans un état avancé de gueule de bois. Dans *Les Particules élémentaires*, Michel

1. Yves Robert, *Alexandre le Bienheureux*, 1968, 90 minutes.

passe deux semaines couché, occupé à regarder le radiateur à gauche de son lit. *Sérotonine* s'ouvre sur le douloureux réveil de Florent-Claude Labrouste, contractuel du ministère de l'Agriculture, qui ingurgite chaque matin sa pilule de Captorix, antidépresseur composé de la molécule qui donne son titre au livre : « Vers cinq heures du matin ou parfois six je me réveille, le besoin est à son comble, c'est le moment le plus douloureux de ma journée[1]. » Plus tard dans le roman, ces matins ternes et sans espoir reviennent, sempiternels. « Le matin du 1er janvier se leva, comme tous les matins du monde, sur nos existences problématiques. » Le caractère profondément affligeant du matin, vécu comme un éternel et funeste recommencement, est également présent dans la poésie de Houellebecq, comme ici dans le recueil *Renaissance* : « Quelle que soit la quantité de mensonges, de faux souvenirs et de rêves, dont on s'entoure au long d'une vie, c'est toujours le même corps qu'on retrouve, au matin, dans l'éprouvante expérience du réveil ; le corps est sans miracle[2]. »

Le héros houellebecquien a entraîné dans son sillage tout un tas d'indolents solitaires, de préférence alcooliques, affranchis des contraintes du jour. On en retrouve une version chimiquement pure dans le roman de Yannick Haenel, *Tiens ferme ta couronne*, avec Jean, auteur d'un scénario titanesque sur la vie de Melville, qui mène une existence apathique, entre consommation d'alcool et visionnage frénétique de films : « À mon réveil, je n'avais qu'une idée en tête : revoir *Apocalypse*

1. Michel Houellebecq, *Sérotonine*, Flammarion, 2019.
2. Michel Houellebecq, *Renaissance*, Flammarion, 1999.

Now; il devait être midi, le soleil éclaboussait la chambre, j'avais un peu mal au crâne, mais sans plus : pour une cuite au whisky, je pouvais m'estimer heureux[1].» Impossible de ne pas mentionner ici le Vernon Subutex de Virginie Despentes dont l'existence coche à peu près toutes les cases du masculin apathique et résigné. Et ce n'est pas complètement un hasard si le premier tome de ses aventures s'ouvre sur un matin, au réveil. Par la fenêtre, Vernon scrute l'immeuble qui se trouve en face de son appartement, où il aperçoit les femmes de ménage qui s'agitent dès 6 heures : «D'habitude, Vernon se réveille un peu avant qu'elles arrivent, écrit Despentes. Il a envie d'un café serré, d'une cigarette à filtre jaune, il aimerait se griller une tranche de pain et déjeuner en parcourant les gros titres du *Parisien* sur son ordinateur. Il n'a pas acheté de café depuis des semaines. Les cigarettes qu'il roule le matin en éventrant les mégots de la veille sont si fines que c'est comme tirer sur du papier. Il n'y a rien à manger dans ses placards[2].»

L'amour le matin

De tous les univers matinaux parcourus dans ce livre, l'univers amoureux est à la fois le plus foisonnant, le plus complexe et le plus ambivalent. Il y a ceux qui veulent absolument se réveiller ensemble et ceux qui font tout pour l'éviter, ceux qui regrettent, ceux qui doutent, ceux qui fuient, ceux qui restent, ceux qu'on voudrait voir partir, ceux qu'on voudrait garder encore

1. Yannick Haenel, *Tiens ferme ta couronne*, Gallimard, 2017.
2. Virginie Despentes, *Vernon Subutex, 1*, Grasset, 2015.

un peu. L'amour s'y fait autant qu'il s'y défait. «C'est normal de dormir ensemble quand on s'aime», dit le personnage de François dans *Le Bonheur* d'Agnès Varda[1], fresque aussi subtile que féroce sur la félicité domestique. À l'heure de Tinder et du *speed dating*, dormir ensemble n'a plus rien d'évident et se réveiller ensemble l'est peut-être encore moins. Dans une société marquée par l'image, la représentation et la maîtrise de soi, le dénuement matinal effraie : il rend plus vulnérable, échappe au contrôle, avant de s'enliser dans l'habitude, le coutumier. Le couple lui préfèrerait alors l'obscurité nocturne, festive ou romantique. «Nous n'aimons de façon sentimentale que les femmes de nos rêves, de nos sommeils, celles qui déposent dans notre cœur une petite fleur bleue qui vit encore une heure, une matinée après notre réveil[2]», écrit Jules Renard, ne laissant aux matins que quelques fragments oniriques transitoires.

Cette tension entre matins honnis et matins adorés contient une part d'universel : qui, parmi les lecteurs de ces lignes, n'a pas expérimenté l'un et l'autre? Là où elle m'intéresse tout particulièrement, c'est précisément dans son rapport au temps et aux représentations. Nous avons tous en tête une idée plus ou moins précise de ce que doit être un matin à deux et nous faisons tout pour y coller le plus fidèlement possible. Nouvelle chimère, cette idée entraîne des comportements souvent antinaturels, pour ne pas dire contre-nature. Dans ma grande traversée des matins postmodernes, de YouTube aux réseaux sociaux, j'ai croisé un nombre incalculable de

1. Agnès Varda, *Le Bonheur*, 1965, 79 minutes.
2. Jules Renard, *Les Pensées*, Cherche Midi, 1990.

vidéos – à destination des femmes en particulier – prodiguant des conseils matinaux pour coller à ces images : «comment être belle pour son homme au réveil», «comment éviter la mauvaise haleine le matin», «comment se rhabiller sans le réveiller», etc. Au cours de ces pérégrinations j'ai par exemple découvert la chaîne «Le Corps La Maison L'esprit» et ses 184000 abonnés. La jeune youtubeuse qui anime la chaîne y consacre par exemple douze minutes à répondre à la question «Comment éviter de puer de la bouche de bon matin quand on est en couple?», suite très attendue du mirifique «Comment faire caca en couple?», toutes les deux enregistrant des dizaines de milliers de vues et suscitant des centaines de réactions et commentaires. Et ce ne sont là que deux minuscules exemples pêchés dans l'océan sans limites de la vaste matinosphère.

Premier matin

Commençons par le commencement : avant tout éventuel basculement vers une routine sclérosante ou, au contraire, vers la mise en place d'une parfaite harmonie conjugale, il y a toujours un premier matin ; comme celui des deux héros de Philippe Djian, dans *37° 2 le matin* : «Ça faisait tellement longtemps que j'avais pas pris mon petit déjeuner avec quelqu'un. J'avais oublié ça, je me souvenais plus comment ça faisait. (...) Elle se beurrait des tartines aussi larges que des skis nautiques en roulant des yeux et je pouvais pas m'empêcher de sourire, la journée commençait vraiment bien[1].»

1. Philippe Djian, *37° 2 le matin*, Flammarion, 1985.

À l'image de tous ceux qui lui succèderont (ou pas), ce premier matin n'est pas dénué d'ambiguïté, loin s'en faut. Chez Djian, les amants qui se connaissent à peine se livrent à la réplique rassurante de comportements et de gestes qu'ils se figurent comme adéquats, normaux. Couple tellurique, personnages indomptables, ils s'attachent pourtant à se conformer à cette quiétude matinale, ses rituels alimentaires et sociaux.

Pour le sociologue Jean-Claude Kaufmann, le premier matin joue un rôle décisif dans la constitution des couples, il est cette « sorte d'intervalle équivoque où les différents éléments constitutifs de l'amour sont susceptibles d'entrer en jeu[1]. » Les témoignages de son terrain révèlent en effet une vision souvent fantasmée et déformée, traduisant cette tendance tout à fait naturelle de réécrire le début des belles histoires ou, *a contrario*, de noircir sciemment le trait des expériences les moins réussies. « Derrière l'apparence de banalité et de vide, de modicité des péripéties, le premier matin au contraire est un moment de la vie où se nouent les intrigues les plus folles. » Kaufmann s'intéresse d'ailleurs tout particulièrement à ce premier petit déjeuner et soulève l'ambiguïté inhérente à ce moment. Sortir acheter des croissants, c'est avant tout sortir, prendre l'air et de la distance : « Bien que pétris d'amour, les croissants masquent généralement un désir de fuite, plus ou moins grand, plus ou moins temporaire. » Une sortie qui peut aussi être lue comme l'application tacite d'un pacte pourtant jamais explicitement formulé entre les deux amants : celui qui sort octroie à celui qui reste le temps

1. Jean-Claude Kaufmann, *op. cit.*

nécessaire à un brin de toilette, lui laisse retrouver une « tête humaine ». Ce désir de distanciation est aussi une réaction à la pudeur légitime des amants : « Pendant la nuit, pendant le sexe-amour, le regard ne voit rien d'autre que l'amour. Au matin il découvre donc un corps tout neuf, en partie inconnu, beaucoup plus ordinaire. » Au-delà de l'autre et de son corps, c'est tout son univers que l'on découvre au matin, son lit, sa chambre, sa salle de bains, ce que Kaufmann appelle le « choc des cultures individuelles ». C'est bien ce choc que décrit par exemple Stefan Zweig dans *Vingt-quatre heures de la vie d'une femme*[1], lorsque Mrs C se réveille et découvre le visage du jeune homme avec qui elle a passé la nuit. La découverte d'« une chambre inconnue », d'« un endroit étranger, ignoré de moi, affreux, dont je ne savais pas comment j'avais pu faire pour y tomber » aux côtés d'un homme lui-même inconnu, « un parfait étranger, un homme demi-nu et que je ne connaissais pas ». L'amant de la veille est devenu « l'individu » du lendemain… « Je m'habillai avec des précautions infinies, redoutant à chaque seconde son réveil et bientôt j'étais prête, déjà j'avais réussi. »

Walk of Shame et amours sans lendemain

Mrs C fait donc partie du peuple de ceux qui fuient. Un peuple qui a ses ramifications diverses : fuir avant ou après que l'autre se réveille, laisser un mot ou ne pas en laisser, fuir pour attiser un désir ou pour signifier une absence d'engagement… Parmi tous ces comportements

1. Stefan Zweig, *Vingt-quatre heures de la vie d'une femme*, dans *La Confusion des sentiments*, 1927.

fugitifs, un en particulier doit retenir notre attention : le *walk of shame*. Cette marche retour, infligée à celles qui se réveillent hagardes, au sortir d'une nuit souvent alcoolisée, et doivent rentrer chez elles, les stigmates de la veille sur le visage. Souvent agrémentée d'un maquillage coulant, d'une coiffure approximative et d'un talon aiguille fractionné, cette marche de la honte semble épargner la gent masculine. Créé de toutes pièces par la culture de l'*entertainment* américain, ourdi dans l'univers souvent retors des campus anglo-saxons, le *walk of shame*, proche cousin du *one-night stand*[1] dont il est parfois la suite logique, a connu, en l'espace de quelques années à peine, un développement fulgurant.

Blake Edwards, avec *Breakfast at Tiffany's*, en avait pourtant érigé la parfaite antithèse. La scène d'ouverture du film adapté du roman de Truman Capote regroupe tous les éléments constitutifs d'un *walk of fame*, qui n'a malheureusement jamais essaimé dans les imaginaires, et que la fiction elle-même a très peu repris par la suite. Audrey Hepburn y apparaît au sommet de son élégance, richement vêtue d'une robe fourreau noire, lunettes de soleil et collier de perles, dégustant délicatement un croissant, buvant son café, tout en déambulant dans les rues désertes de New York. Il n'est pas abusif de qualifier cette scène de culte et Hepburn d'icône, un qualificatif que l'on doit largement à ce film et à cette scène en particulier. Il y avait donc bien là tous les éléments à même de nourrir le concept, autrement plus positif et porteur, du *walk of fame* : une

1. Que l'on traduirait en français par « coup d'un soir », aventure sexuelle sans lendemain.

femme indépendante et fantasque rentrant manifestement de soirée à l'aube sans avoir perdu une once de sa grâce.

Dans un épisode célèbre de la série *How I Met Your Mother*, les trois héros masculins Barney, Ted et Marshall arpentent Manhattan un demi-siècle plus tard, au matin du 1er novembre, lendemain d'Halloween et de ses traditionnelles soirées déguisées. Assis sur les marches de leur immeuble, sirotant tranquillement leur café, ils contemplent avec une jouissance perverse le défilé des silhouettes féminines encore affublées de leurs costumes de la veille. La séquence se clôt par l'arrivée d'un des personnages féminins principaux de la série, Robin, elle-même accoutrée d'un costume d'infirmière visiblement défraîchi, que ses camarades n'épargneront pas de leurs sarcasmes. Cette scène, au-delà de son caractère terriblement machiste, peut être lue comme l'un des actes de naissance du phénomène, en même temps que son assimilation pérenne au genre féminin.

Loin d'être un phénomène qui se cantonnerait aux séries ou à l'univers du *teen movie* américain, on en trouve déjà, au XVIIIe siècle dans *Les Liaisons dangereuses* de Laclos, une version tristement prémonitoire. C'est Cécile Volanges qui fait ici office de victime, après une nuit coupable passée avec Valmont, alors qu'elle est promise au comte de Gercourt et qu'elle s'est entichée de Danceny. Le matin qui suit cette aventure nocturne interdite, Valmont prend un plaisir malsain à participer au petit déjeuner familial pour admirer la gêne, la maladresse, le profond désœuvrement dans lequel la jeune Volanges nuitamment pervertie est plongée. « Je ne me suis retiré chez moi qu'au point du jour, écrit-il sur-le-champ à Mme de Merteuil dans leur correspondance aussi sournoise qu'assidue, et j'étais rendu de fatigue et de sommeil : cependant j'ai sacrifié l'une et l'autre au désir de me trouver ce matin au déjeuner ; j'aime, de passion, les mines de lendemain. Vous n'avez pas d'idée de celle-ci. C'était un embarras dans le maintien ! une difficulté dans la marche ! des yeux toujours baissés, et si gros, et si battus ! Cette figure si ronde s'était tant allongée ! rien n'était si plaisant[1]. »

Là encore, on ne peut nier la perception éminemment genrée du phénomène. Derrière le *walk of shame* (aussi bien dans sa version XVIIIe que XXIe siècle), on peut déceler une volonté de contrôle des pratiques sexuelles féminines qui passe par le renforcement des stéréotypes de genre et la stigmatisation de celles qui enfreignent des normes socialement établies. Le rapport à la consommation d'alcool, par nature répréhensible et en particulier chez les femmes, y occupe une place centrale, au même titre que les rapports non protégés, tacitement présents et toujours condamnés. Une étude[2] a par ailleurs relevé l'industrialisation du phénomène aux États-Unis, qui donne lieu à la production et à la commercialisation de kits uniquement conçus à destination des femmes, comprenant brosses à dents, préservatifs, pansements et même Post-it pour la « note du lendemain ». L'invention du *walk of shame* aurait ainsi pour principal objet, par le biais de l'*entertainment* et d'une

1. Pierre Choderlos de Laclos, *Les Liaisons dangereuses*, 1782.
2. Brett Lunceford, « The Walk of Shame : A Normative Description », *ETC : A Review of General Semantics*, Vol. 65, No. 4, octobre 2008, p. 319-329, Institute of General Semantics.

pop culture apparemment inoffensive, la condamnation insidieuse de pratiques sexuelles féminines présumées transgressives, déviantes.

Loin de moi l'idée d'accréditer une quelconque thèse selon laquelle toutes les relations d'un soir se feraient au détriment des femmes, alors assimilées à d'éternelles victimes qui en attendraient nécessairement davantage, qui attendraient des *lendemains*. Je suis convaincue qu'une large majorité peut chercher et se satisfaire de ces relations sans lendemain, sans qu'elles soient l'apanage d'un masculin réputé plus libre ou plus détaché. Mais je suis convaincue également que l'imaginaire gentiment potache propagé par l'industrie de l'*entertainment* américain a participé, notamment chez les jeunes filles, à banaliser des relations et des comportements qui n'avaient rien d'anodins. Eva Illouz[1] décrit avec beaucoup d'acuité l'évolution de ces relations à l'heure du *casual sex*, marqueur contemporain de l'expression des libertés individuelles, de l'utilisation des technologies et d'un capitalisme relationnel marqué par l'incertitude et le trop-plein de choix. Elle relève d'ailleurs que ces relations demeurent la plupart du temps favorables au masculin dans les schémas hétérosexuels. Elle mentionne par exemple le témoignage d'Ambroise, 49 ans, professeur de finance à Paris, qui définit la «femme idéale» comme celle partant au milieu de la nuit et laissant pour seul souvenir un mot sans numéro de téléphone. Une femme idéale, évaporée, qui

1. Eva Illouz, *La fin de l'amour, Enquête sur un désarroi contemporain* (traduction de Sophie Renaut), Seuil, «La couleur des idées», 2020.

rappelle celle que décrivait Jules Renard quelques pages plus haut.

Selon une autre étude[1] consacrée au *hook up*, ces relations sexuelles d'un soir, il existe un écart abyssal entre le caractère prétendument anodin de ces « coups d'un soir », et la réalité autrement plus complexe vécue par les étudiants, et en particulier les jeunes femmes. Les relations qualifiées de « sans lendemain » ont en réalité, littéralement, des lendemains, souvent vécus comme des humiliations.

Matins érectiles

Aux femmes, la honte, aux hommes, la gloire. C'est bien ce que scelle l'invention du *morning glory*, pendant masculin du *walk of shame* – qu'un jargon français plus scientiste et moins engageant désigne sous le terme de « tumescence pénienne nocturne » (lire : érection matinale). Même Victor Hugo, dans son « Booz endormi », évoque cette virilité dressée : « Quand on est jeune, on a des matins triomphants ; / Le jour sort de la nuit comme d'une victoire[2]. » L'érection matinale a fait couler beaucoup d'encre et alimenté des théories souvent fantasques et bien éloignées de la science. Elle inquiète grandement Jean-Claude et Pierrot, les deux héros de Bertrand Blier dans *Les Valseuses*, surpris alors qu'ils se

1. Elizabeth L. Paul, « Beer Goggles, Catching Feelings, and the Walk of Shame : The Myths and Realities of the Hookup Experience », in D. C. Kirkpatrick, S. Duck et M. K. Foley (Eds.), *Relating difficulty : The processes of constructing and managing difficult interaction*, Lawrence Erlbaum Associates Publishers, 2006.

2. Booz endormi est un poème de Victor Hugo extrait de la *Légende des siècles*, 1859-1883.

réveillent dans le même lit : « J'bande pas » dit le premier, visiblement préoccupé, à l'attention du second. « Ben quoi, moi non plus. J'vois pas pourquoi on banderait… en quel honneur », lui répond Jean-Claude. « D'habitude, le matin, j'ai la trique[1]. »

Une habitude, donc, du matin. Dans *At Day's Close : Night In Times Past*[2], vaste enquête sur les comportements nocturnes, l'historien américain Roger Ekirch distingue deux séquences de sommeil séparées dans une même nuit. Un découpage nocturne entrecoupé d'une période de veille, pouvant durer une ou deux heures, notamment privilégiée à l'époque pour les rapports sexuels, qui seraient tout particulièrement stimulés après ce premier sommeil. Il semble donc bien que les rapports sexuels succédant ou prolongeant une phase de sommeil soient répandus, voire recommandés.

Et contrairement à ce que l'expression de *morning glory* pourrait laisser entendre, ces amours matinales ne sont pas dictées par la seule expression d'un désir masculin, qui imposerait sa volonté à son ou sa partenaire. Je serai d'ailleurs tentée de dire qu'elles ont quelque chose d'éminemment féminin. La maison du garde-chasse Mellors, dans *L'Amant de lady Chatterley* de D.H. Lawrence, est le théâtre de l'une des scènes d'amours matinales les plus puissamment érotiques de la littérature occidentale, avant tout dictée par le plaisir de son héroïne, Constance. Mellors et elle viennent d'y passer leur première nuit, Constance ayant fui la veille

1. Bertrand Blier, *Les Valseuses*, 1974, 117 minutes.

2. A. Roger Ekirch, *At Day's Close : Night in Times Past*, W. W. Norton & Company, 2006.

son mari Clifford. « Ce devait être un matin éclatant ; il était cinq heures et demie, l'heure où il se levait d'ordinaire (…) La femme était encore blottie tendrement dans son sommeil. Il lui passa la main sur le corps, et elle ouvrit des yeux bleus et étonnés ; et elle sourit, encore inconsciente, en le regardant. » À son tour, Constance découvre pour la première fois un environnement inconnu. Entièrement nus, ils admirent leurs corps irradiés par la lumière du matin et loin de chercher à se dissimuler, Constance exige que l'on ouvre les rideaux : « Le soleil, par la fenêtre basse, lançait un rayon qui éclairait les hanches et le ventre mince, et le phallos dressé, qui s'élevait, sombre et chaud, du petit nuage éclatant de poils rouge et doré. Elle était surprise et effrayée[1]. » Elle admire ce corps découvert, ce « phallos » comme l'appelle Lawrence, moins par pudeur que par goût de l'emphase, de l'ironie aussi – le sexe féminin étant qualifié, avec cette même emphase, de « mont de Vénus ».

Ici, le personnage de Constance dépasse le topos mondain et galant de la « Belle Matineuse » issu de la poésie pétrarquiste du XVIe siècle. Cette longue tradition, héritière de l'*alba*, thème lyrique aussi appelé « chanson de l'aube » très en vogue aux XIIe et XIIIe siècles, permettait aux amants rencontrés nuitamment de regretter leur séparation le matin venu[2].

1. D. H. Lawrence, *L'Amant de lady Chatterley* (traduction de Frédéric Roger-Cornaz), Gallimard, 1993

2. L'*alba* est le terme en langue d'oc qui désignait la forme poétique de l'aube, chantée au Moyen Âge par les troubadours et dont le thème est la séparation de deux amants au lever du jour, qui se déclamait généralement à l'aube.

Dans tout ce courant, qui sera ensuite repris chez Ronsard, la femme aimée est tantôt comparée à l'aurore, à l'astre solaire ou à la rosée du matin. Chez Lawrence, tout en restant dans le registre laudatif, on dépasse cette assimilation relativement conventionnelle : certes, le corps de la femme est célébré dans la transparence du matin, mais ça n'est pas un corps divinisé, figé et immobile. Pas non plus un corps fantasmé par un excès de louanges. C'est un corps de vie, de chair et de désir, en un mot, humain, qui n'est ni jugé ni puni, pas plus qu'il ne serait jeté en pâture à un lecteur lubrique ou voyeur. Chez Pétrarque puis Ronsard et l'ensemble de leurs héritiers, l'assimilation de la femme à l'aurore participe d'une forme de négation de son humanité, de réification, dont Lawrence propose ici la plus stimulante des antithèses. Ce passage du roman a très certainement contribué à l'aura du scandale qui l'a entouré à sa sortie. Mais il a aussi et surtout ouvert la voie à une nouvelle approche littéraire du corps féminin, une nouvelle façon de parler du plaisir, un plaisir d'autant plus authentique et crédible qu'il est purgé de ses redondants artefacts romantiques nocturnes.

Je referais ici un détour par *37° 2 le matin*, où les ébats matinaux des deux héros sont aussi jouissifs que récurrents. Leur caractère répétitif semble ne rien enlever à l'effusion et à la sensualité de ces réveils. Sensualité que décrit Djian avec le dénuement et la simplicité de ses mots crus, sans artifice : « On baisait le matin. (...) Betty tenait une forme éblouissante (...), je me demandais si elle me ressortait pas des trucs qu'elle avait ruminés toute la nuit, elle voulait essayer des positions un peu bizarres, elle y mettait une espèce de fièvre et parfois ça me laissait sur le cul, ça m'émerveillait[1].» On voit ici le caractère jouissif mais aussi salutaire des rapports sexuels matinaux, traités chez Djian avec une tonalité presque animale, parfois vulgaire, mais qui ramène ses deux personnages, masculin et féminin, à des êtres d'instincts également touchés par la jouissance, débarrassés des fantasmes habituels qu'on associe aux femmes nocturnes, enfiévrées et éblouissantes.

La malédiction d'Ariane

L'ardeur qui saisit les héros de Djian et de Lawrence est cependant loin d'être universelle. À côté de ces matins charnels et triomphants persistent des attitudes matinales infiniment moins enthousiastes. La désaffection du couple à l'égard du lever commun n'est, précisons-le d'emblée, pas une problématique strictement contemporaine, qu'un raisonnement un peu hâtif ramènerait à la montée en puissance de l'individualisme, à la négation de toute forme d'authenticité et à l'incapacité à s'aimer autrement qu'au travers d'un filtre Instagram. Le lever à deux n'a jamais rien eu de véritablement naturel et demeure une norme sociale millénaire, établie dès le Moyen Âge par l'Église catholique qui sacralise alors l'importance du lit conjugal, pour lutter contre le paganisme tout en maîtrisant la société et sa reproduction. Ni l'amour authentique, pas plus que le confort ou le simple bon sens n'ont donc présidé à la mise en place de cette pratique qui subsiste pourtant depuis des siècles, non sans dommages

1. Philipe Djian, *op. cit.*

collatéraux. Aujourd'hui, « faire chambre à part » demeure un tabou dans bon nombre de sociétés occidentales, attestant du poids rémanent des injonctions de l'Église dans des cultures pourtant largement sécularisées.

Si cette proximité subie, infligée depuis des siècles par la norme du lit conjugal, explique en partie ce désamour, la littérature l'a elle-même alimenté et accentué. Revenons un instant à Albert Cohen et à *Belle du Seigneur*. L'amour majestueux des deux héros, Ariane et Solal, s'accommode difficilement de la trivialité du quotidien : comment les amants peuvent-ils préserver leur superbe au réveil ? Pour résoudre ce pourtant bien trivial dilemme, Solal rejoint lui aussi le peuple des fugitifs matinaux : « À l'aurore, il la quittait doucement, attentif à ne pas la réveiller, allait chez lui. » « Ces départs du matin, écrit Albert Cohen, c'était parce qu'il ne voulait pas être vu moins parfait, non rasé et non baigné. C'était aussi parce qu'il avait peur, lorsqu'elle irait prendre son bain, d'entendre le grondement préliminaire et terrifiant de la chasse d'eau, tumulte funeste. » Ça n'est que plus tard, « rasé et baigné », qu'il s'autorise à la rejoindre. Un rituel qui accommode tout à fait Ariane, qui l'accueille alors « coiffée et baignée, en blanc déshabillé ». Les deux amants sont seulement alors à la hauteur de leur amour : « Il entrait, et c'était la merveille de se contempler, demi-dieux en leurs robes d'amoureuse prêtrise, poétiques et nettoyés. » S'ensuit le « scherzo du petit déjeuner pris avec des sourires, un gaillard appétit et tant de désir de plaire à l'aimé dont les toasts étaient beurrés par elle[1] ».

1. Albert Cohen, *Belle du Seigneur*, Gallimard, 1968.

Dans un article paru dans *Les Inrockuptibles* intitulé «“Belle du Seigneur”, le livre qui a traumatisé des générations d'amoureux», on compare le traumatisme que représente la lecture du roman de Cohen à celui vécu par les lecteurs des *Souffrances du jeune Werther*, le roman de Goethe paru en 1774 qui aurait entraîné une vague de suicides sans précédent chez les jeunes hommes au moment de sa parution. La journaliste estime que l'ouvrage aurait déjà engendré «au moins deux générations sentimentalement traumatisées, aux illusions réduites en charpie sur la toile cirée de l'habitude», «des êtres incapables de concevoir une relation amoureuse hors d'une chambre du Ritz et d'envisager une histoire qui ne soit pas au minimum idéale, fusionnelle, grandiose, tragique[1].» Difficile de ne pas souscrire à cette théorie, qui rappelle le poids des injonctions qui pèsent sur le couple, et en particulier sur les femmes. Albert Cohen n'est évidemment pas le seul responsable. Pour ne pas l'affliger totalement, je convoquerais aussi le Tchèque Milan Kundera qui, dans *L'Insoutenable Légèreté de l'être*, décrit avec justesse et dureté les appréhensions de son héros Tomas, incapable de s'endormir à côté d'une femme, lui que «le lever matinal du couple répugnait», qui «n'avait pas envie qu'on l'entendît se brosser les dents dans la salle de bains» et à qui «l'intimité du petit déjeuner à deux ne (lui) disait rien». Ce n'est qu'en rencontrant Tereza que les choses changeront, qu'il pourra enfin, en se

1. Élisabeth Philippe, «“Belle du seigneur”, le livre qui a traumatisé des générations d'amoureux», *Les Inrockuptibles* (édition en ligne), 17 juillet 2012.

réveillant à ses côtés, « respirer le parfum d'un bonheur inconnu[1] ». Destin moins funeste que chez Cohen donc, mais l'appréhension de départ, la défiance tenace à l'égard des matins à deux, elle, reste. Et pour répartir encore un peu le fardeau de la responsabilité des matins honnis, j'emprunterais un dernier exemple à la *Recherche*. Dans son cinquième tome, *La Prisonnière*, le narrateur éloigne à dessein Albertine qu'il a cessé d'aimer, pour savourer, seul, les plaisirs matinaux. Cette Albertine que le narrateur avoue « ne plus guère trouver jolie », avec laquelle il s'ennuie et qu'il a « la sensation nette de ne pas aimer », est exclue des moments de jouissance matinale : « Aussi, pour commencer la matinée, je ne la faisais pas tout de suite appeler, surtout s'il faisait beau » et « pendant quelques instants, et sachant qu'il me rendait plus heureux qu'Albertine, je restais en tête à tête avec le petit personnage intérieur, salueur chantant du soleil » [2].

Je me lève et je te bouscule

Comme je l'évoquais en introduction, la variété française a fini d'étayer l'amalgame millénaire entre le matin et la déliquescence d'un amour. Dans le tube planétaire de Claude François, « Comme d'habitude », la lente et irrépressible érosion d'un couple se manifeste de façon toujours plus flagrante à son lever : « Je me lève et je te bouscule / Tu ne te réveilles pas comme

1. Milan Kundera, *L'Insoutenable Légèreté de l'être* (traduction de François Kérel), Gallimard, 1984.
2. Proust, *La Prisonnière, tome I*, dans *À la Recherche du temps perdu*.

d'habitude / (...) Je sors de la chambre comme d'habitude / Tout seul je bois mon café / Je suis en retard comme d'habitude». Le protagoniste de cette chanson (on doit y reconnaître Claude François qui vient alors de se séparer de France Gall) feint la normalité, il «joue à faire semblant», écho édifiant aux gestes mimés par les amants qui se réveillent pour la première fois ensemble, dont nous évoquions le caractère équivoque un peu plus haut. De nombreux exégètes se sont intéressés aux paroles de cette chanson, coécrite par Gilles Thibaut, relevant tantôt sa proximité avec les *Fragments d'un discours amoureux* de Roland Barthes ou son âpreté comparée aux versions plus légères qu'en feront les paroliers américains, la première et la plus illustre étant la version de Paul Anka pour Frank Sinatra, «My Way», dont le matin est absent, remplacé par une vision rétrospective et mélancolique d'un homme sur sa vie au terme de son existence.

Et si Cloclo prend son café tout seul, c'est précisément pendant les petits déjeuners à deux que s'opère le délitement matinal du couple. Parmi tous les cinéastes qui reprendront ce motif à l'écran, Orson Welles figure parmi les pionniers et certainement les plus virtuoses. Dans *Citizen Kane*, le lent délitement des relations entre les époux Kane, Charles et Emily (lui est un magnat de la presse américaine, travaillant constamment), est tout entier concentré dans un enchaînement de scènes de petits déjeuners dans la fastueuse salle à manger du couple qui ne se croise que le matin. Neuf ans de vie commune sont ainsi condensés en six scènes matinales sur une séquence d'un peu plus de deux minutes. Le premier plan a tout du conte de fées : Charles apporte son petit déjeuner à Emily et l'embrasse, les deux protagonistes sont somptueusement vêtus, une musique romantique ponctue leurs affectueux échanges. Ils s'assoient côte à côte et sont capturés par la caméra dans un même plan large. Dès le deuxième plan, la musique romantique a disparu, les époux ne sont plus filmés qu'en champ-contrechamp et Emily reproche à son époux ses retours de plus en plus tardifs la nuit. L'enchaînement se poursuit sur les quatre scènes suivantes, la tension entre le mari et la femme allant croissante, s'achevant sur une scène mutique, les deux époux ne s'adressant plus la parole et lisant chacun leur journal, assis aux deux extrémités opposées de la table, qui semble s'être allongée pour marquer la distance désormais abyssale qui les sépare. Dans *Les Noces rebelles* (adapté à l'écran par Sam Mendes en 2008[1]), une tragique scène de petit déjeuner scelle l'implosion du couple April et Frank Wheeler. Dans un registre plus comique, Woody Allen reprend dans *Match Point* l'incarnation, par le petit déjeuner, de la trivialité du couple confronté au quotidien. Alors qu'elle essaie désespérément de tomber enceinte, Chloe (incarnée par Emily Mortimer à l'écran) interrompt son époux Chris (Jonathan Rhys-Meyers) entre une bouchée de croissant et une gorgée de jus d'orange, car le moment est biologiquement propice à un rapport sexuel fertile.

1. Adaptation du roman de Richard Yates, *Revolutionnary Road*, 1961 (traduction française par Robert Latour sous le titre *La Fenêtre panoramique*, publiée chez Robert Laffont en 2005).

Domicile conjugal

Ces exemples sont autant de pierres portées à l'édifice de ce matin honni du couple que je voudrais, une dernière fois, réussir à contourner. Ma réhabilitation matinale passe aussi par-là : convoquer de nouvelles images, proposer des représentations alternatives, les conforter dans une position dominante. Chez François Truffaut, maître parmi les maîtres, qui a disséqué avec une finesse infinie le quotidien à deux, on retrouve des petits déjeuners qui dépassent selon moi ceux des Welles et des Mendes. Prenez *Baisers volés* et allez directement à la fin du film. Antoine Doinel a réussi à séduire Christine et les deux protagonistes se réveillent après leur première nuit d'amour. La scène se passe dans la cuisine des parents de Christine : rideaux vichy (y voient-ils l'inconnaissable dont nous parlait Aragon plus haut : «Il y a de quoi frémir à voir une famille bourgeoise qui prend son café au lait du matin, sans remarquer l'inconnaissable qui transparaît dans les carreaux rouges et blancs de la nappe» ?), nappe vieillotte, équipement rudimentaire. Sur la table, deux bols, une théière et une pile de biscottes qu'Antoine tente de beurrer avec maladresse (oui, il y a encore un peu des *Choses* de Perec, mais ces choses sont habilement utilisées). Christine se met alors en tête d'enseigner à son amant la méthode pour beurrer la biscotte sans la casser – scène mythique s'il en est. Reconnaissant, Antoine entame alors une conversation manuscrite avec Christine, lui faisant passer des petits mots à table, laissant le spectateur en dehors de ce qui se joue. On comprend très vite que l'on assiste à une demande en mariage, qui se conclut par l'échange symbolique de l'alliance, en l'espèce, un décapsuleur qu'Antoine trouve sur la table et dont il entoure l'annulaire de Christine. On a là une forme d'antithèse du couple formé par Ariane et Solal chez Albert Cohen, un couple qui naît dans la poésie du quotidien, ici transcendé par la caméra de Truffaut, qui ne cessera d'ailleurs de le transfigurer dans ses films, sans idéalisme excessif ni naïveté bravache.

La séquence évoque aussi la peinture de Pierre Bonnard, qui avait fait de son épouse Marthe une figure récurrente de ses tableaux, toujours représentée dans la grâce et l'intimité de leur vie à deux. Plusieurs scènes de Marthe prenant son petit déjeuner jalonnent la production du peintre : *Le Café* de 1915 ou le plus tardif *Petit déjeuner au radiateur* de 1930. Le second appartient à la série dite des *Fenêtres ouvertes* et met en scène Marthe dans leur maison du Cannet, baignée de la lumière du petit matin avec, à l'arrière-plan, la figure de son époux qui se reflète dans le miroir. Avec cette toile, Bonnard illustre certes l'immense tendresse qu'il éprouve pour sa femme mais fait aussi preuve d'audace plastique en privilégiant un thème *a priori* exclu des standards artistiques, tout en utilisant les techniques avant-gardistes du mouvement nabi[1]. Et ce qu'il nous montre ici, ce sont ces moments interstitiels, dénués de force dramatique ou narrative, comme ses scènes de

---

1. Le mouvement nabi est un courant artistique apparu à la fin du XIXe siècle, en réaction à la peinture réaliste et impressionniste, qui se détache de la contrainte du réel et de l'imitation. La peinture nabi empreinte au spirituel et à l'ésotérisme et joue particulièrement sur la couleur.

levers ou de toilette féminine qu'il a également abondamment produites, sans jamais virer dans le registre plus mielleux d'une banale scène de genre décorative ou désincarnée.

Je recommande vivement à mon lecteur, et tout particulièrement à celui qui aurait la chance de débuter une histoire d'amour, de s'abreuver de ces clichés-là, et de renoncer pour un moment à tous les autres.

4

Travaillés

« J'la croise tous les matins, 5 h 40
Elle va prendre son train et moi j'rentre
Elle commence sa journée toujours à l'heure
Moi, la lumière me fait peur. »

Johnny Hallyday,
« J'la croise tous les matins », 1995

Aux femmes de ménage, aux techniciennes de surface, aux éboueurs, aux boulangers, aux livreurs, aux aides à domicile, aux agents de tri de colis, aux pêcheurs, aux dockers, aux vendeurs ambulants des marchés, aux agriculteurs, aux aides-soignantes, aux routiers, aux ouvriers, aux postiers, aux réceptionnistes, aux préparateurs de commande, aux conducteurs de tramway, aux machinistes, aux auxiliaires de vie, aux opérateurs logistique, aux agents de sécurité.

À ceux qui lavent, récurent, plongent et essuient. À ceux qui frottent, balayent, vident puis remplissent. À ceux qui coupent, pétrissent, façonnent et farinent. À ceux qui soignent, cautérisent, réparent, protègent et nous sauvent. À ceux qui vendent, sourient, accueillent. À ceux qui ne veulent plus vendre, plus sourire, plus vous voir. À ceux qui sont *déjà là* et ceux qui sont *toujours là*. À ceux que vous voyez et tous ceux que vous ne voyez pas, ceux qui se lèvent et surtout ceux qu'on lève, qu'ils le veuillent ou non.

Écrire les invisibles

Sont-ils tous là ? Procédé un peu facile, la liste rassure mais ne prémunit pas contre l'oubli, la négligence ou la maladresse ; elle a les atours de la neutralité, sans jamais l'être tout à fait. Comment parler des travailleurs du matin ? Comment ne pas travestir leur voix ? Qui mentionner, comment et pourquoi ? Quelle légitimité à parler d'eux, pour eux, comme eux ?

En parlant des invisibles, en rejoignant ceux qui en ont déjà si bien parlé, essayons de leur redonner cette existence que d'autres leur dénient. Essayons aussi de répondre à cette interrogation, déterminante pour moi : comment a-t-on pu faire d'un même terreau – le travail du matin – deux lectures aussi ambivalentes. La première, celle de l'invisibilisation et de l'absence de considération sociale ; la seconde, qui ne concerne plus tant les travailleurs que les créateurs, celle de l'admiration et de la survalorisation, celle qui entoure ces êtres de l'aurore, inspirés dans les silences de l'aube, en surplomb des jours et du monde. Comment ce qui fait la misère des premiers a pu construire la formidable aura des seconds ?

Six millions de matinaux

En France, selon les études de la DARES[1], plus de 16 % des salariés travaillent « habituellement » le matin (avant 7 heures) et plus de 12 % « occasionnellement ».

---

1. Claire Létroublon, Catherine Daniel, « Le travail en horaires atypiques : quels salariés pour quelle organisation du temps de travail ? », DARES Analyses n° 38, juin 2018.

En tout, ce sont près de 30 % des salariés français, soit 6,6 millions de personnes, qui travaillent en horaires décalés, de façon ponctuelle ou régulière, auxquels il faut ajouter l'ensemble des non-salariés. Les rythmes dits « atypiques » ou « irréguliers » se multiplient, au point que moins de 40 % des Français auraient aujourd'hui des emplois du temps qualifiés de « normaux ». Appréhender plus particulièrement le phénomène du travail du matin s'avère complexe, puisque ce dernier ne répond à aucune classification légale ou réglementaire : seul le travail de nuit bénéficie d'une définition dans le Code du travail, qui le confond d'ailleurs avec celui du matin puisqu'il correspond à « tout travail ayant lieu entre 21 heures et 6 heures ». Un salarié travaillant de 3 heures à 10 heures du matin tous les jours est donc légalement considéré comme un travailleur de nuit. Une fois encore, le matin est le parent pauvre des études, qui se sont surtout focalisées sur le travail du dimanche, après s'être longtemps intéressées au travail nocturne.

Les travaux qui se sont penchés sur les conséquences de l'activité à horaire « atypique » sur la santé alertent tous sur les risques de désynchronisation des rythmes biologiques, le développement de pathologies ou de troubles des comportements sociaux et alimentaires : insomnie et somnolence, troubles de l'humeur, dépression, surpoids, maladies cardio-vasculaires, développement des addictions et j'en passe. Ils mettent également en évidence l'incidence sur la vie sociale et familiale : difficultés à concilier le temps du travail et le temps scolaire pour les ménages avec enfants, articulation défaillante entre vie personnelle et vie professionnelle, etc. L'étude de l'INSEE que je mentionnais plus haut[1] insiste ainsi sur l'incidence de ces métiers et de leurs rythmes sur les couples, concluant que « l'organisation conjugale du sommeil s'inscrit dans l'espace social ». Les couples d'ouvriers et d'employés sont plus susceptibles de travailler en horaires décalés, tandis que « les couples dont la position dans l'espace social est plus favorable » ont davantage de possibilités de se coucher et de se lever en même temps. Parmi les plus synchrones, on retrouve les couples de retraités, d'inactifs de moins de 60 ans, et les actifs les plus favorisés. Et le matin est, une fois encore, la période où ce décalage est le plus aliénant, la désynchronisation du lever étant à la fois plus importante et liée à des activités plus contraintes que celles du coucher : « La désynchronisation matinale est donc avant tout liée à des activités nécessaires ou contraintes, tandis que la désynchronisation vespérale comporte davantage d'activités de loisirs », explique l'auteure.

Dans ses différentes enquêtes sur le sujet, l'INRS[2] prolonge ces théories, leur donne des visages. C'est par exemple celui de « madame M. », technicienne de surface pour une entreprise de ménage. Sans formation, elle multiplie les petits boulots aux horaires « atypiques ». Elle commence sa journée à 5 h 30, arrive à 8 heures dans le grand magasin où elle doit faire le ménage avant

1. Capucine Rauch pour l'INSEE, *op. cit.*

2. Institut national de recherche et de sécurité pour la prévention des accidents du travail et des maladies professionnelles. Voir notamment : « Les horaires atypiques

Dossier Travail et sécurité », publié dans le mensuel *Travail et Sécurité*, n° 801, janvier 2019. Pour les exemples cités, site de l'INRS, « Données générales et exemples d'exposition aux risques »

l'ouverture à 10 heures, qui se trouve à 1 h 30 de trajet de chez elle, avant de récupérer ses deux enfants en bas âge pour le déjeuner. C'est aussi « monsieur P. », ouvrier qualifié sur une chaîne de montage automobile, qui alterne depuis vingt ans des journées avec des horaires du matin (5 h-13 h) puis des horaires d'après-midi (13 h-21 h) et de nuit (21 h-5 h). À plus de 45 ans, il constate un peu plus tous les jours les stigmates de cette organisation : prise de poids, troubles du sommeil, hypertension artérielle. Car ce décalage temporel est bien souvent assorti d'une précarité sociale et financière.

Toujours selon l'INRS, ce type d'horaires concerne tout particulièrement les agents de nettoyage ou les caissières de supermarchés, qui enchaînent régulièrement deux périodes de travail sur une même journée : tôt le matin puis tard le soir, entrecoupées d'une longue pause. Parmi les plus de 500 000 emplois salariés recensés par la Fédération de la propreté, plus des trois quarts travaillent à temps partiel et l'immense majorité sont des femmes, souvent payées au SMIC.

Si la publicité a récemment tenté de changer le regard que l'on porte sur ces professions, en particulier celles des métiers de l'entretien, en déployant des campagnes d'affichage insistant sur la diversité des profils, cette vaste entreprise de communication ne suffira pas à réparer cette invisibilité et cet ostracisme imposés (et même Jennifer Lopez grimée en femme de chambre dans le très niais et souvent rétrograde *Coup de foudre à Manhattan*[1]

1. Wayne Wang, *Coup de foudre à Manhattan*, 2002, 150 minutes. Jennifer Lopez y incarne Marisa Ventura, mère célibataire, femme de

n'y pourra pas grand-chose, au contraire). Une invisibilité d'autant plus incompréhensible que les métiers de ceux qui bien souvent les pratiquent sont décrits par les pouvoirs publics eux-mêmes comme visant à « assurer la continuité de la vie sociale, la permanence des services de soins, la protection et la sécurité des personnes et des biens[1]. » Pendant la crise pandémique du covid-19, ces professions ont fait l'objet d'un coup de projecteur aussi furtif qu'inédit. Les métiers du « *care* », toutes celles et ceux qui faisaient fonctionner des services décrétés comme « essentiels » prenaient soudain la lumière ; ils étaient, disait-on, « en première ligne ». Mais à peine l'épidémie reculait-elle, les commerces reprenant leur rythme habituel, les services hospitaliers se désengorgeant, que l'on éteignait à nouveau cette lumière. Après ce triomphe bien éphémère, les invisibles replongeaient dans leur obscurité.

Les femmes aussi et surtout

« L'aspirateur dans une main, dans l'autre des chiffons imbibés qui dégoulinent, je cours dans tous les sens. Le soleil est déjà haut, embrasant les bureaux où arrivent les premiers salariés. (...) "Plus vite", me souffle Marguerite. Elle n'arrête pas de regarder sa montre. Il reste les toilettes à faire, je m'y précipite. Ça y est, 8 h 55, on a fini[2]. » Cette épopée ménagère

---

chambre dans un grand hôtel de Manhattan. Elle s'éprend du riche et beau Christopher Marshall (Ralph Fiennes), qui la prend pour une cliente de l'hôtel.

1. Claire Létroublon, Catherine Daniel pour le DARES, *op. cit.*
2. Florence Aubenas, *Le Quai de Ouistreham*, L'Olivier, 2010.

matinale, c'est celle de la journaliste Florence Aubenas, grimée en femme de ménage le temps d'une enquête qui deviendra bientôt un livre (et, tout récemment, un film[1]). Nous sommes en 2009, la France est plongée dans le marasme économique post-crise et la journaliste de 48 ans se glisse dans l'existence de ses premières victimes : chômeurs, grands précaires, oubliés de la mondialisation. Des petites annonces aux rendez-vous Pôle emploi, une seule issue se dégage pour Florence : les ménages.

« À Honfleur, vous nettoierez les chambres d'un hôtel en respectant les normes d'hygiène, il est nécessaire d'être disponible pour les petits déjeuners à partir de 5 h 30. »

« À Deauville, vous nettoierez les extérieurs d'un magasin de luxe, trottoirs et vitres. Vous travaillerez 1 h 30 par jour, du lundi au samedi, de 9 h à 10 h 30. Expérience exigée en lavage de vitres. »

Respectant les termes du contrat qu'elle s'était elle-même fixé, Aubenas clôt son enquête au bout de six mois, quand on lui propose « le graal » : un CDI. « Les conditions sont miraculeuses pour le secteur : un contrat de 5 h 30 à 8 heures le matin, payées au tarif de la convention collective, 8,94 euros brut de l'heure[2]. » *Miraculeuses*, oui.

Derrière l'enquête poignante d'Aubenas, c'est tout un univers que l'on découvre, celui de ces victimes involontaires d'un système qui tolère la précarité à condition qu'elle ne se montre pas. Des femmes et des

1. Emmanuel Carrère, *Ouistreham*, 2022, 106 minutes.
2. *Ibid.*

hommes que l'on a sciemment relégués dans les marges, exclus du contrat social, soustraits à notre vue. Surtout ne rien voir de leurs activités dégradantes, de leurs ustensiles abjects, leurs balais, leurs brosses, leurs serpillières. Tout ça n'existe pas ! C'est le miracle quotidien de la poubelle de bureau qui se vide comme par enchantement. Hypocrisie d'un monde qui se lève chaque matin dans des rues parfaitement propres, rêve d'espaces lisses et aseptisés, mais qui refuse obstinément d'en voir ou d'en saluer les principaux artisans.

D'autres, bien avant Aubenas, ont voulu montrer ces invisibles. Un siècle et demi plutôt, je pense bien sûr à Gervaise et à la longue lignée de ses héritières, des ouvrières des mines aux employées de grands magasins en passant par les servantes, petites mains résilientes et volontaires, qui parcourent l'histoire empêchée et souvent matinale du travail féminin. Et à côté du roman, que le naturalisme délaie dans l'histoire, les images furent, aux côtés de l'écriture, de bien puissants alliés. Il faut revoir notamment le formidable épisode de l'émission « Les femmes aussi », auquel j'emprunte le titre de ce chapitre, consacré aux femmes du matin à Paris à la fin des années 1960[1]. Dans *Les Matinales*, on suit ces « ouvrières nettoyeuses » qui officient « après les fêtards, avant les travailleurs ». Parties à pied du nord de Paris, avant l'ouverture du métro, elles rejoignent les beaux quartiers, longeant des rues désertes à peine éclairées : la balayeuse de la salle des pas perdus de la gare Saint-Lazare ou celle de l'opéra Garnier. Elles sont

1. Éliane Victor, « Les Femmes aussi », épisode *Les Matinales*, écrit et réalisé par Jacques Krier, 1967, 48 minutes.

partout où vous n'êtes pas encore. Elles sont puissantes, admirables, effectuent leur tâche avec abnégation et un immense sérieux, rient parfois, rêvent souvent à une autre vie. Et toute la puissance du documentaire réside précisément dans le refus du pathos ou du réquisitoire : vous êtes assez grands pour juger tout seuls, sans qu'une voix off ne vienne rappeler en permanence la dure réalité que vous avez sous les yeux.

En l'espace d'un demi-siècle, entre le reportage d'Éliane Victor et l'enquête de Florence Aubenas, il est assez stupéfiant de voir à quel point les choses ont peu changé. Seule la sociologie de celles qui les pratiquent a évolué, comme le rapporte une étude de l'INSEE selon laquelle les services directs aux particuliers (aides ménagères pour les personnes âgées, femmes de ménage, gardiennes d'immeuble) sont désormais majoritairement assumés par les femmes issues de l'immigration : elles sont 26 % dans ce secteur contre 11 % pour l'ensemble des femmes non immigrées[1]. Dans les bouches des unes et des autres, les mêmes mots qui reviennent, l'indifférence à l'égard de leur travail, un complexe vis-à-vis des gens aisés, ce complexe qui empêche certaines femmes d'aller officier chez les particuliers. Quand vous faites des ménages dans une entreprise, un magasin, un lieu public… on vous fiche la paix, personne ne vient vous parler ou vous ramener à votre condition. C'est l'immense avantage et le grand paradoxe de l'aurore : assurance d'être anonyme, jouissance de cette obscurité

1. INSEE, « Les immigrés en France : une situation qui évolue », Chloé Tavan, INSEE Première, n° 1042, septembre 2005

qui dissimule, que l'on en vient à préférer au travail visible des jours.

La confusion des temps

Toutes ces invisibles sont les enfants d'un temps réputé moderne, qui raffine son organisation pour mieux contrôler ou asservir. Depuis son apparition au XIVe siècle, ce temps organisé autour des journées de travail perdure avec constance et s'adapte aux impératifs économiques d'une société de travailleurs soumis au biopouvoir, comme la décrivait Foucault : « Au premier roulement de tambour, les détenus doivent se lever et s'habiller en silence, pendant que le surveillant ouvre les portes des cellules. Au second roulement, ils doivent être debout et faire leur lit. Au troisième, ils se rangent par ordre pour aller à la chapelle où se fait la prière du matin. Il y a cinq minutes d'intervalle entre chaque roulement[1]. » La discipline carcérale disséquée chez Foucault n'est en réalité qu'un aperçu, à l'échelle expérimentale de la prison, du contrôle social exercé sur nos corps dès le réveil. Car *on nous lève*, plus qu'on ne *se lève*, et on nous lève *pour quelque chose*. Ce quelque chose a longtemps été la prière liturgique du matin : celle des laudes, des primes puis des tierces. C'est le matin de l'Église auquel succèdera ensuite celui du marchand, pour reprendre la distinction célèbre opérée par Jacques Le Goff[2]. Ce temps qui est, écrit toujours

1. Dans *Surveiller et punir*, Michel Foucault, citant le règlement de la prison rédigé par Léon Faucher pour la Maison des jeunes détenus à Paris.
2. Jacques Le Goff, *La Nouvelle Histoire*, Retz, 1978.

l'historien, sournoisement manipulé, pour être plié au temps des travailleurs.

Ultime manipulation, on entretient aujourd'hui une confusion entre le jour et la nuit, le travail pouvant légitimement être proposé à tout moment. La luminosité toujours égale du métro nourrit cette confusion, comme dans la *Sortie d'usine* de François Bon, qui joue sur le caractère impersonnel, mécanique de ces grandes villes qui vous trimbalent de jour comme de nuit : « Une gare s'il faut situer, laquelle n'importe il est tôt, sept heures un peu plus, c'est nuit encore. Avant la gare il y a eu un couloir déjà, lui venant du métro, les gens dans le même sens tous ou presque, qui arrivent sur Paris. Lui contre la foule, remontant[1]. »

Empruntée non plus dans la littérature, mais dans la vie, cette confusion est aussi ressentie par Cang, anti matinal s'il en est, vendeur d'art et collectionneur compulsif. Il travaille à son compte mais la majorité de ses clients vivent aux États-Unis ou en Asie. Le décalage horaire lui impose des nuits travaillées (pour suivre une vente aux enchères en direct de New York, téléphoner à un acheteur taiwanais) et des réveils nécessairement tardifs. D'un naturel noctambule, il est plus chanceux que tous ceux qui, pour honorer une réunion entre Tokyo, New Delhi et Paris, se lèvent à 5 heures ou se couchent à minuit. Avec les excès de lumière artificielle et les frontières toujours plus poreuses entre vie personnelle et vie professionnelle, tout semble devoir justifier l'omniprésence du travail dans nos vies.

1. François Bon, *Sortie d'usine*, Éditions de Minuit, 1982.

24/7 ou le travail perpétuel

Cette confusion volontaire entre le nocturne et le diurne semble devoir inaugurer une période où la distinction jour/nuit disparaîtrait tout à fait. Dans *24/7 : Le capitalisme à l'assaut du sommeil*, Jonathan Crary décrit un idéal de société sans sommeil, active et productive en permanence, débarrassée du lourd fardeau du sommeil (ce « truc de *loser* »). Éliminer ou *a minima* maîtriser le sommeil humain pour lui permettre de travailler et de consommer sans entraves : tel serait le nouveau dessein du capitalisme. « Le temps 24/7, écrit Crary, est un temps d'indifférence, où la fragilité de la vie humaine revêt de moins en moins d'importance, où le sommeil n'est plus ni nécessaire ni inévitable. En ce qui concerne la vie professionnelle, l'idée qu'il faudrait travailler sans relâche, sans limite devient plausible, voire normale. On s'aligne sur l'existence de choses inanimées, inertes ou intemporelles[1]. »

Crary explique comment le sommeil fut progressivement dévalorisé à partir de la seconde moitié du XVIIe siècle, au profit de l'éveil et de la conscience, qui marqueraient la prédominance de la volonté, de l'utilité et de l'intérêt personnel comme mobile d'action. Chez Locke comme chez Hume, nous explique-t-il, le sommeil est un phénomène accidentel et regrettable contre lequel on ne peut rien, et qui nous contraint dans l'accomplissement d'un dessein qui n'est alors pas encore capitaliste mais divin.

1. Jonathan Crary, *24/7 : Le capitalisme à l'assaut du sommeil* (traduction de Grégoire Chamayou), Zones, 2014.

La vie 24/7 marquerait-elle la fin du matin ? Ou jouons-nous à nous faire peur ? Ultime croisade du capitalisme, le sommeil est aussi le dernier bastion d'égalité entre les hommes. L'humanité a cette expérience universelle en commun, elle se pratique selon des modalités matérielles certes différentes, mais le droit au sommeil reste accessible à tous, et gratuitement. Seigneurs et pâtres endormis sont irrémédiablement égaux. « Le pâtre endormi sur la paille, est égal au riche, au Roi même, dormant sur le duvet et sur la plume. Voyez ce misérable après les travaux du jour, harassé, excédé, rendu, se traînant à peine, accablé du poids de son corps : il s'étend sur un lit dur : ses yeux abattus se ferment, mais à travers ses paupières se glisse le baume salutaire du sommeil[1]. »

Les créateurs du matin

Revenons maintenant à nos invisibles, dont le sort est d'autant plus cruel lorsqu'on le compare à l'attention sans équivalent dont bénéficient les créateurs de l'aube. On ne compte plus les portraits, réels ou fantasmés, d'auteurs ou d'artistes en tout genre levés aux aurores, qui trouvent dans le calme du matin l'inspiration si convoitée. L'image est éprouvée mais n'en conserve pas moins une part de vérité. Certes, l'acte créateur aura toujours – peut-être plus que tout autre – sa part d'aléatoire, d'incertitude et ne saurait se cantonner à un horaire établi et régulier, mais bien nombreux sont ceux

1. PFLM., *Du sommeil*, La Haye, Pierre Frédéric Gosse, 1779, cité par Guillaume Garnier, *L'Oubli des peines : Une histoire du sommeil (1700-1850)*, Presses universitaires de Rennes, 2013.

qui trouvent dans le calme des premières heures du jour un moment propice à leur œuvre.

C'est Virginia Woolf, dont les matins sont consacrés à l'écriture de fiction, comme on le lit dans ses volumineux journaux. C'est la plus baroque et contemporaine Amélie Nothomb, qui se lève à 4 heures du matin tous les jours, boit un demi-litre de thé noir et écrit pendant quatre heures sans interruption[1]. L'essayiste et romancière Susan Sontag, dans son journal de 1977, évoque par une tonalité moins martiale ses habitudes d'écriture quotidiennes : « Commencer demain – sinon aujourd'hui : (…) Je vais me lever tous les matins au plus tard à 8 heures. (Je peux casser cette règle une fois par semaine.) (…) Je ne déjeune que chez Roger [Straus]. (Non, je ne sors pas pour le déjeuner. Je peux casser cette règle une fois toutes les deux semaines.) (…) Je vais écrire dans mon cahier tous les jours. (Modèle : Lichtenberg's Waste Books.) (…) Je vais dire aux gens de ne pas appeler le matin ou je ne vais pas répondre au téléphone[2]. » Ernest Hemingway, dans une interview de 1954 déclarait de son côté : « Quand je travaille sur un livre ou une histoire, j'écris tous les matins dès la première lumière possible. Il n'y a personne pour vous déranger et c'est frais ou froid et vous vous mettez au travail : tout devient chaleureux quand vous écrivez[3]. »

---

1. Interview dans *La Nouvelle République* le 10 décembre 2016 : « Amélie Nothomb : "Écrire chaque jour est ma plus grande nécessité".

2. Susan Sontag, *As consciousness is harnessed to flesh : Journals and notebooks, 1964-1980*, Farrar, Straus and Giroux, 2012.

3. Ernest Hemingway, *The Art of Fiction No. 21*, interviewé par George Plimpton, 1958. (Nous traduisons.)

Le divin y est souvent convoqué, comme ici chez Françoise Verny : « Oui, j'absorbe, à partir de 18 h 30, plusieurs verres de whisky, qui m'abrutissent assez rapidement et me permettent de m'endormir dès 21 h-21 h 30. (…) Je me lève à 5 heures du matin, talonnée par cette quête de Dieu qui me sauve[1]. » Dans ce passage, le ressort du réveil créateur apparaît dans toute sa puissance : il a quelque chose de la vocation, de l'appel ; il est une forme d'urgence, urgence de créer ou de vivre pour créer. Au contraire, l'absence d'inspiration peut encourager le phénomène inverse, les levers tardifs et l'horizontalité subie.

Sans nier l'authenticité de ces différents témoignages, il faut se garder de les ériger en méthode imparable, dictées par une sorte d'instinct magique, à la portée d'êtres réputés plus grands, et dès lors inaccessibles. Car on a voulu faire de ces simples aveux des rituels immuables souvent relayés par la littérature elle-même au point que le recensement des routines matinales d'écrivains semble être devenu un genre littéraire en soi.

On réduit ainsi à des anecdotes souvent simplistes des processus créateurs que l'on devine pourtant infiniment plus complexes. Ainsi, à lire *The Art of Writing Fiction*[2] du professeur en *creative writing* Andrew Cowan, l'écriture chez Martin Amis se résume à louer un appartement en ville le matin pour y écrire, avant de consacrer l'après-midi au tennis puis à la lecture. Hemingway de son côté écrirait nu, debout, à son lutrin,

1. Françoise Verny, *Dieu n'a pas fait la mort*, Grasset, 1994.
2. Andrew Cowan, *The Art of Writing Fiction*, Routledge, 2011.

ne s'asseyant que pour ses dialogues ; Joyce Carol Oates ne s'adonne à l'écriture qu'avant d'avoir pris son petit déjeuner, quand Edith Wharton ne le ferait que du fond de son lit, jetant ses feuillets à même le sol. Au travers de ces anecdotes, écrire est présenté comme se mettre à la course ou perdre 4 kilos : il y aurait des *trucs*, des trucs qui marchent puisque eux l'ont fait ! À lire ces lignes on éprouve une sensation très proche de celle ressentie en découvrant, sur différents sites d'information, des contenus sponsorisés promettant : « Extraordinaire : avec cette méthode toute simple elle perd 12 kg en trois mois, et sans se priver !!! ».

Tout n'est évidemment pas si simple. « Ses procédés de travail ? Chaque matin il se met à table et attend que ça vienne. Il prétend que ça vient toujours[1] », écrivait déjà avec ironie Jules Renard, caricaturant cette vision terriblement simpliste de l'inspiré du matin. À côté de ces témoignages, il faudrait donc aller chercher ceux qui – tout aussi nombreux mais que nul n'a pris la peine de répertorier dans des manuels aguicheurs – évoquent les difficultés, les affres d'une création qui ne vous fait pas le moindre cadeau, peu importe les heures du jour ou de la nuit. Et c'est là, peut-être, que l'on retrouvera du commun entre ceux qui travaillent et ceux qui créent. En admettant les difficultés des uns, en reconnaissant l'importance des autres.

1. Jules Renard, *Journal (1887-1910)*, 1925-1927.

5

Moraux

« Early to bed and early to rise
makes a man healthy, wealthy and wise.[1]*. »*

Benjamin Franklin

1. « Se coucher tôt et se lever tôt procure santé, fortune et sagesse. »

Beaucoup des préjugés matinaux répertoriés dans les pages qui précèdent sont entachés de connotations négatives, qu'il s'agisse de banalité ou de contrainte, de trivialité, d'aliénation, voire même parfois de violence (symbolique, essentiellement). Mais il en est un qui échappe à ce triste sort, non pas qu'il soit plus authentique ou plus vrai, mais au moins est-il épargné par la sentence funeste qui frappe si durement et si souvent les dérivatifs de notre objet.

Le matin est moral

Personne à ce jour ne l'a mieux dit que Flaubert dans son *Dictionnaire des idées reçues* : « Matinal. L'être, preuve de moralité. Si l'on se couche à 4 heures du matin et qu'on se lève à 8, on est paresseux, mais si l'on se met au lit à 9 heures du soir, pour en sortir le lendemain à 5, on est actif.[1] » Les personnages flaubertiens sont d'ailleurs la parfaite incarnation de ce risible adage, qu'il s'agisse de Félicité dans *Un cœur simple*

1. Gustave Flaubert, *Le Dictionnaire des idées reçues ou Catalogue des opinions chics*, 1913.

qui « se levait dès l'aube, pour ne pas manquer la messe, et travaillait jusqu'au soir sans interruption[1] » ou, avec plus de cynisme, de Charles Bovary dans le livre de *Madame*, régulièrement levé aux aurores pour aller visiter ses malades, symbole de cette bienséance bigote et petite-bourgeoise propre à son époque. « C'est en effet le matin, au réveil, que l'homme connaît l'une de ses heures les plus sages et les plus sensées[2] », écrit encore Melville dans son non moins cynique *Bartleby*.

Un siècle et demi plus tard, les mêmes antiennes, aussi basiques que contestables, se perpétuent. L'être qui se lève tôt demeure, dans l'imaginaire collectif, un être présumé bon, ou *a minima* épargné par le vice de la paresse et de la nonchalance. Nos sociétés modernes sanctifient une productivité érigée en sainteté, qui ne tolère ni l'indolence ni l'oisiveté. On ne compte désormais plus les personnages publics qui se répandent sur leurs habitudes matinales, thuriféraires autoproclamés de pratiques toujours plus productives et précoces, comme si leur notoriété, *comme si leur probité* en dépendait.

Anna Wintour, rédactrice en chef du magazine Vogue,
se lève à 5 h 45 tous les matins
et fait une heure de tennis.
Tim Cook, patron d'Apple, se lève chaque jour à 3 h 45
pour consulter ses mails.
Michelle Obama se lève à 4 h 30 pour faire du sport.

1. Gustave Flaubert, *Un cœur simple*, in *Trois Contes*, 1877.
2. Herman Melville, *Bartleby*, in *Les Contes de la véranda* (traduction de Pierre Leyris), 1951 pour la traduction française (1853).

L'entrepreneur du bitcoin Richard Branson
dort toujours les rideaux ouverts, pour se réveiller
avec le soleil, et « s'ouvre au monde » à 5 heures,
en consultant ses réseaux sociaux.
La créatrice de mode Isabel Marant démarre
chacune de ses journées par 35 longueurs
à la piscine Saint-Germain, avant de boire
son jus carotte-gingembre puis de se rendre au bureau.

Injonction paradoxale s'il en est, cette même société ne cesse de vous rappeler l'importance du sommeil pour votre santé et de mettre en évidence l'augmentation des troubles et des pathologies du sommeil, véritable fléau de notre époque (un français sur cinq souffrirait d'insomnie, un phénomène d'ailleurs aggravé par la crise pandémique liée au covid-19). Dormez mais pas trop, au bon moment, et surtout qu'on ne vous y reprenne pas. Débrouillez-vous avec ça. Celui qui parvient à vaincre son penchant naturel pour le sommeil est en cela un peu au-dessus des autres, en même temps qu'il contrevient à l'un des besoins parmi les plus naturels et les plus élémentaires de l'être humain qui soient.

La sanctification de l'être matinal n'est pas un phénomène récent. Il trouve ses racines dans les traditions les plus anciennes qui glorifient l'étoile du matin, visible juste avant l'aurore et à qui l'on doit le bien le plus précieux : le retour du soleil. Chez les Aborigènes d'Australie déjà, l'étoile du matin, Barnumbir, accompagne et guide les populations de chasseurs-cueilleurs qui lui doivent leur subsistance. Dans la Grèce antique, la déesse Éos, fille d'Hypérion et de Théia, sœur du Soleil et de la Lune, incarne l'Aurore qui ouvre les portes du jour. Dans l'Apocalypse de Jean, dernier livre du Nouveau Testament, Jésus Christ est assimilé à l'étoile du matin : « Moi, Jésus, j'ai envoyé mon ange pour vous attester ces choses dans les Églises. Je suis le rejeton et la postérité de David, l'étoile brillante du matin. » Ce ne sont là que quelques exemples (il y en aurait beaucoup d'autres) qui permettent de comprendre l'ancrage profondément divin des petits matins, et l'aura qui entoure, aujourd'hui encore, ceux qui les précèdent ou les accompagnent, ces ersatz de Vénus contemporains (et tant pis s'ils sont munis d'un smartphone, d'un tapis de course, d'un maillot de bain une pièce ou d'une raquette de tennis).

Ces êtres qui sont les nobles héritiers des grands penseurs stoïciens et pourraient revendiquer les « pensées » d'un Marc Aurèle pour qui « le matin, quand tu as de la peine à te lever, voici la réflexion que tu dois avoir présente à l'esprit : "Je me lève pour faire mon œuvre d'homme ; je vais remplir les devoirs pour lesquels je suis né et j'ai été envoyé en ce monde. Pourquoi donc faire tant de difficultés ? Ai-je été créé pour rester ainsi chaudement sous des couvertures[1]" ? » L'injonction parentale adressée à l'enfant ou à l'adolescent dormeur, comme celles que l'on peut lire dans les ouvrages de développement personnel, reprennent encore aujourd'hui de tels arguments (formulés différemment sans doute). Les contes pour enfants en sont également de puissants relais. L'histoire de la souris Blanchette, qui refuse d'obéir à sa mère en se levant le matin et à

1. Marc Aurèle, *Pensées pour moi-même* (traduction de J. Barthélemy-Saint-Hilaire, 1876), vers 170-180.

laquelle il arrive toute une série de terribles mésaventures, le dit par la fable à des milliers de petits Français à la fin du XIXe siècle. « Ma chère fille, tes mésaventures sont dues à ta seule paresse, et si tu étais sortie à l'heure où je t'éveillais d'ordinaire, rien de tout cela ne te serait arrivé[1]. » Qui dort grasse matinée, trotte toute la journée, conclut la fable.

Après la nuit

Si le matin est moral, c'est qu'il vient clore les heures les plus entachées d'immoralité qui soient : celles de la nuit. Nul ne les a mieux décrites que Michaël Fœssel, qui parle pour les qualifier de « sociétés de mauvais garçons, d'amours interdites ou d'identités clandestines[2] ». « Rien n'est plus fragile, écrit-il, que ces milieux interlopes qui se dissolvent dès l'instant où un regard trop appuyé se porte sur eux[3]. » L'univers nocturne est, par un rapprochement là encore aussi littéral que simpliste, celui de l'obscurité, du vice, de ce que l'on dissimule, en opposition à la clarté diurne. Pour Guillaume Garnier, auteur d'une formidable *Histoire du sommeil*, « il ne faut quand même pas oublier que la nuit est aussi un temps avec un certain nombre de dangers, de fantasmes. Certains réalistes, d'autres non. Et donc il ne faut pas négliger le côté psychologique de ceux qui vont se coucher. Se coucher, c'est affronter quand même un monde

1. Georges Fath, *La sagesse des enfants : proverbes*, Gallica, 1865.
2. Michaël Fœssel, *La nuit. Vivre sans témoin*, Autrement, 2017.
3. *Ibid.*

qui est un monde de l'obscurité. Un monde associé à Satan dans les populations très chrétiennes[1]. »

Les jeux de confrontation entre les deux univers – qui bien souvent se croisent mais presque toujours s'ignorent – sont légion dans notre patrimoine littéraire, cinématographique ou plastique. Rencontre impossible, rendez-vous manqué à la Trenet, le jour et la nuit semblent condamnés à s'opposer, et quelle opposition plus confortable que celle qui distingue le bien et le mal. Une opposition brillamment transcrite par Jean Rouaud dans *Kiosque*, lorsqu'il décrit l'impossible connivence entre le noctambule et le matinal : « Contrairement à une idée reçue, à cette heure matinale pour les uns et tardive pour les autres, il n'y avait pas de rencontres au sommet des abysses entre les soutiers de l'aube et les princes noctambules[2]. » Pas non plus, écrit-il de « fraternité entre le hibou noceur et le journalier, entre lesquels, au petit matin, s'effectuerait une sorte de passage de témoin », « comme s'il s'agissait d'assurer la soudure, de faire le joint entre la nuit et le jour, sorte de rituel exorcisant l'immémoriale peur, celle d'un soleil qui manquerait son rendez-vous avec le jour nouveau, installant sur la terre le règne redouté de la nuit éternelle[3]. »

Mondes étrangers et imperméables, quoique parfaitement simultanés, l'univers des matinaux, lorsqu'il rencontre celui des noceurs, ne peut porter sur lui qu'un

1. Guillaume Garnier, *L'Oubli des peines. Une histoire du sommeil, 1700-1850*, PUR, 2013 ; cité par Fiona Moghaddam et Éric Chaverou dans « Le sommeil d'antan, c'était vraiment mieux avant ? », Franceculture.fr, 13 mars 2020.

2. Jean Rouaud, *Kiosque*, Grasset, 2019.

3. *Ibid.*

regard réprobateur. Sur la toile du peintre belge Charles Hermans *À l'Aube*, achevée en 1875, on distingue à droite un groupe de bourgeois éméchés, rieurs et dégingandés, sortant du salon où ils ont passé la nuit ; à gauche, des ouvriers fraîchement levés se rendent au travail et scrutent avec dépit cet escadron de noceurs débraillés. Même opposition et même stigmatisation dans le premier acte de *Lorenzaccio* où, dans une rue de Florence au « point du jour », un marchand de soieries et un orfèvre ouvrent leurs boutiques alors qu'au même moment « plusieurs masques sortent d'une maison illuminée ». Une femme qui passe dans la rue s'étonne : « Comme tout est illuminé ! Danser encore à l'heure qu'il est, c'est là une jolie fête ! », un personnage de bourgeois lui répond : « Faire du jour la nuit et de la nuit le jour, c'est un moyen commode de ne pas voir les honnêtes gens[1]. » Chez Musset il y a déjà du Dutronc, et bientôt les marchands de soie, les orfèvres et les aristocrates seront remplacés par les travestis, les stripteaseuses et les banlieusards, que chantera le dauphin de la place Dauphine. « Paris by night, regagne les cars, les boulangers font des bâtards[2]. »

Gueules de bois

Prolongement matinal des turpitudes nocturnes, la gueule de bois est un autre phénomène entaché d'immoralité, dont la faute revient moins aux lendemains qu'aux soirées débauchées qui les ont précédés.

1. Alfred de Musset, *Lorenzaccio*, Acte 1, Scène 2.
2. Jacques Dutronc, « Il est cinq heures, Paris s'éveille », *Il est cinq heures*, 1968.

Impossible de parler des matins sans évoquer ces réveils tantôt douloureux tantôt nostalgiques, lendemains d'ivresse, relents coupables de nuits alcoolisées et en même temps dernier cordon qui nous ramène à leur volupté passée. On ne maudit jamais totalement ces états intermédiaires, moments de bien transmués en mal nécessaire, inévitable amnistie du buveur, sans laquelle nulle rémission, nulle absolution ne sera accordée. Contrairement aux mines gaillardes de la veille, et pour peu que vous soyez seul et sans enfant, la société semble plus encline à tolérer et absoudre nos travers matinaux : la solitude, les levers tardifs, les nourritures interdites, les tenues indignes, les bouderies sans objet et les silences prolongés. Là encore, le monde de la gueule de bois est saturé d'images, du *Jour d'Après* d'Edvard Munch aux variations cinématographiques américaines pléthoriques, le *Very Bad Trip*[1] de Todd Phillips en tête. Les guides, trucs et astuces pour y survivre se multiplient, immixtion des autres et de leurs conseils dans ces moments qui ne tolèrent pourtant ni l'altérité ni les leçons. Je ne veux pas savoir *quels films voir en lendemain de cuite*, pas davantage connaître vos *recettes de grand-mère anti-gueule de bois*, et encore moins *comment rattraper les textos honteux envoyés ivre la veille*. Au fond, l'état de gueule de bois est l'un des derniers bastions contre la productivité à tout prix; puissant rempart à l'hégémonie du collectif et du paraître, il colore chacun de nos gestes matinaux les plus anodins de sa gravité et de sa torpeur, il réhabilite

1. Je ne résiste pas à la tentation de citer le titre de son adaptation québécoise : *Lendemain de veille*.

la lenteur, l'assouvissement des envies et des besoins les plus primaires. Alors retenons plutôt les aphorismes de l'école de médecine de Salerne, dont l'origine reste discutée, mais que l'on date autour du XIe siècle : « Remède pour ceux qui ont trop bu de vin au souper. / Si, pour avoir trop bu la veille, votre estomac est dérangé, / Ayez dès le matin recours à la bouteille, / Vous serez bientôt soulagé ; / Par ce remède bien purgé, / Aux maux de cœur, aux maux de tête, / Vous donnerez un prompt congé, / En prenant du poil de la bête[1]. »

Fêtes du sport !

Cette croyance dans la moralité du matin est si tenace qu'on en vient à « moraliser » les activités nocturnes en les transposant dans l'univers présumé châtié du matin. L'*after work* est ainsi supplanté par le *before work*, et de très oxymoriques « soirées du matin » ont fait florès dans les capitales occidentales au début des années 2010, à l'image des pionnières *Morning Gloryville* du quartier d'East London. Le concept ? Des moments festifs et dansants, de 6 heures à 10 heures du matin, sans consommation d'alcool ni de drogue, promesse d'un amusement salutaire, raisonnable et sans excès. « La rave plutôt que la gym », comme le titrait BBC News au moment de l'éclosion du phénomène en 2013. Nées dans le quartier branché de Shoreditch, ces « soirées » qui se réclament de la mouvance du « *conscious clubbing*[2] »

1. Cité dans Bernard Debré, *Dictionnaire amoureux de la médecine*, Plon, 2008.

2. Né au début des années 2000, le mouvement anglo-saxon du « *conscious clubbing* » promeut un comportement festif plus sain et

se sont depuis répandues dans plusieurs grandes villes, accueillant familles et enfants, et ouvrant leurs activités à la pratique du yoga ou des massages. La déclinaison new-yorkaise vous faisait danser sur l'Hudson River au petit matin, tandis qu'à Paris, c'est dans le quartier branché de République, au Carreau du Temple, que les *morningophiles* pouvaient se défouler avant d'aller travailler.

Il est intéressant de noter que le phénomène inverse a pu aussi se développer, à destination d'un autre type de public, celui des fêtards lève-tard : le *sport comme au club*. La séance de sport du matin, synonyme d'effort et de contrainte, est ici transposée dans l'univers festif de la soirée, pour tous les adeptes de la seconde, peu portés sur la première. Salles obscures, lumières bleues, musique *house* ou techno à fond la caisse sont les trois ingrédients indispensables de ces séances de vélo d'intérieur venues des États-Unis qui se sont développées en France ces cinq dernières années (la fête n'est réellement complète que si vous avez aussi droit à cette coach souriante et bodybuildée qui vous hurle dessus en anglais[1]).

Qu'il s'agisse de rendre plus festive votre séance de sport matinal en la transposant dans l'univers nocturne du club ou d'assagir vos soirées en les décalant dans l'univers *conscient* du matin, le résultat est peu ou prou

---

responsable, en cherchant la connexion à l'autre par d'autres voies que la consommation de psychotropes, dont la pratique du yoga ou de danses transcendantales.

1. La chaîne Dynamo cycling est, encore aujourd'hui, particulièrement développée à Paris et tout son succès repose sur cette promesse d'un univers clubbing et festif.

le même. Vous faire suer, dans des configurations toujours plus sophistiquées, avec l'idée sous-jacente et revendiquée de vous rendre accro.

La disparition

Faisons enfin un détour par l'histoire, celle d'un *presque* sport : le duel. Présumer que la caution matinale vous exonère de tout soupçon est un raisonnement un peu court, qui méconnaît ce pan important de l'histoire des matins. Jusqu'au célèbre affrontement qui opposa Gaston Defferre à René Ribière en 1967, la pratique des duels, longtemps réglementée, avait lieu dans le calme et la discrétion des matins, qui furent le théâtre d'affrontements parfois morbides, quoique toujours courtois. On donne donc la mort le matin, comme on l'a fait légalement, en France, jusqu'en 1977[1]. Comme on le fait toujours dans les cinquante-cinq pays du monde qui n'ont pas encore aboli la peine de mort. Comme l'ont voulu tant de guerres et de batailles, tous ces grands massacres qui ont vu le jour se lever et les hommes plier. Les exécutions, les duels et les combats appartiennent à l'aube dont ils chérissent le calme et la clarté. « J'espère quand même que ma bonne étoile ne me quittera pas, mais seulement voilà, l'attaque est à 8 heures du matin et il n'y a plus d'étoiles[2] », écrit le poilu Arthur dans une lettre datée du 16 avril 1917.

1. La peine de mort est abolie en France en 1981, le dernier condamné, Hamida Djandoubi, est guillotiné le 10 septembre 1977 à la prison des Baumettes de Marseille.

2. Jean-Pierre Guéno et Yves Laplume, *Paroles de poilus, lettres et carnets du front 1914-1918*, À vue d'œil, 1999. Lettre du 16 avril 1917, signée « Arthur ».

Le coup d'envoi de la bataille de Verdun est donné à 4 heures du matin, le lundi 21 février 1916, par l'explosion d'un obus de 380 millimètres. 80000 autres obus suivront. Cinq mois plus tard, il fait un temps splendide et clair, ce 1er juillet, quand les premiers tirs d'artillerie inaugurent, à 6 h 25, les hostilités de la bataille de la Somme. L'ont-ils ressentie, ces soldats, « cette allégresse un peu ivre propre aux matins de guerre » ? Cet « air acide de l'aube » qui sent bon « le bois frais et la pierre à fusil » ? Comme les décrira plus tard Julien Gracq, pour le deuxième de ces grands massacres[1] ?

Ne dit-on pas aussi de l'agonisant qu'*il ne passera pas la nuit* ? De celui qui s'éteint dans son sommeil qu'*il ne s'est jamais réveillé ce matin* ? Le matin n'est pas seulement ce tendre et juste recommencement, il peut aussi marquer l'arrêt, belle mort ou vies ôtées. N'oubliez pas, comme l'écrivait Jankélévitch « Insignifiante et miraculeuse, la vie de quelqu'un, découpée dans le vaste océan obscur, est un instant d'instants », alors « ne manquez pas votre unique matinée de printemps...[2] »

À l'horizontale

Si le matin est moral, les levers tardifs sont, au contraire, flanqués d'indécence. L'exemple de la grasse matinée féminine en est le plus éloquent exemple.

Plus qu'un soupçon de paresse, il plane sur les adeptes de la grasse matinée (hommes ou femmes) un jugement latent, une présomption d'apathie, de désœuvrement,

1. Julien Gracq, *Un balcon en forêt*, 1958.
2. Vladimir Jankélévitch, *op. cit.*

théorisée par la religion et affermie par la morale. Un sommeil qui s'étire serait un sommeil douteux voire dangereux : « Le trop dormir nuit aux esprits, débilite les sens, supprime les facultés de l'âme, rend l'homme lâche et paresseux, engendre grosses et mauvaises humeurs au corps, qui sont auteurs de plusieurs et diverses maladies », affirme le médecin d'Henri IV, Pierre Pigray, cité par Guillaume Garnier dans son *Histoire du sommeil*[1]. Et si un trop long sommeil est suspect, garder le lit sans dormir est une attitude qui l'est peut-être plus encore. « Le sommeil est la cessation de la vie ; l'habitude de rester au lit sans dormir produit le relâchement. Elle est par conséquent nuisible à la santé corporelle ; et en tant qu'elle provient de la fainéantise, elle est pernicieuse à la santé morale », écrit de son côté Jeremy Bentham[2]. Dans son *Histoire de chambres,* Michelle Perrot rappelle la vision portée sur le sommeil par les hygiénistes des XVIIIe et XIXe siècles, qui préconisent des nuits de huit heures. Au-delà, écrit-elle, « commencent les risques des lits lascifs, propices aux explorations intimes, aux rêveries malsaines », et de rappeler le soupçon qui pèse sur la « paresse émolliente » des grasses matinées et les « plaisirs solitaires[3] » qu'elles rendent possibles. Médecins, hommes d'Église, moralistes se feront, des siècles durant, les relais opiniâtres de cette doctrine.

1. Guillaume Garnier, *op. cit.*
2. Jeremy Bentham, « Esquisse d'un ouvrage en faveur des pauvres » (1797), in Adrien Duquesnoy, *Recueil sur les établissements d'humanité*, Paris, 1802.
3. Michelle Perrot, *Histoire de chambres*, Seuil, 2009.

Si la grasse matinée a un sexe, il semble qu'elle puisse également avoir un statut social. Quand le peuple doit se lever aux aurores, le réveil tardif est le privilège des nantis décadents (on l'a vu chez Musset et dans le tableau d'Hermans). «La société, sauvée encore une fois, se félicitait, se reposait, faisait la grasse matinée, maintenant qu'un gouvernement fort la protégeait et lui ôtait jusqu'au souci de penser et de régler ses affaires», écrit Zola pour décrire le Paris aristocratique et bourgeois de *La Curée*, celui d'une société nonchalante et débauchée, dont les privilèges semblent durablement garantis au lendemain de la proclamation du second Empire. Une société d'opulence, corrompue jusqu'à l'os par le sexe et l'argent, et qui dort tout son soûl. Cumulant les deux vices, femme et riche, Renée Béraud du Châtel, grande bourgeoise mondaine de ce même roman de Zola, passe de longues matinées dans ses appartements particuliers du luxueux hôtel Monceau. «Chaque matin Renée prenait un bain de quelques minutes. Ce bain emplissait pour la journée le cabinet d'une moiteur, d'une odeur de chair fraîche et mouillée (...) La jeune femme aimait à rester là, jusqu'à midi, presque nue[1].» C'est dans ce fastueux cabinet de toilette que Renée se livre à ses amours incestueuses et interdites avec le jeune Maxime, fils d'un premier mariage de son propre époux. Alain Corbin, dans *Les cloches de la terre*, décrit cette même évolution au XIXe siècle : « Au fil des décennies, écrit Corbin, le réveil se désacralise. À la ville, l'hédonisme du lever tardif, d'origine aristocratique, se trouve peu à peu assumé, voire revendiqué.»

1. Émile Zola, *La Curée*, 1871.

Et d'ajouter « La revendication d'un droit au repos désamorce la diatribe qui s'en prend au sommeil matinal et à la moiteur du lit », et c'est alors que « le coucher tardif, la vie nocturne, magnifiés par le genre de vie des élites, facilités par les progrès de l'éclairage, bénéficient du prestige attaché à la modernité.[1]. » Guillaume Garnier prolonge ce raisonnement, rappelant que « durant la période préindustrielle, l'élite sociale seule, a le pouvoir de se coucher comme bon lui semble, puisqu'elle peut commencer sa journée à l'heure qui lui convient », contrairement au paysan et au domestique, qui « ne peuvent se soustraire à la nécessité de se lever tôt ». À l'appui de cette hypothèse, Garnier nous montre d'ailleurs dans son ouvrage les lithographies humoristiques d'Achille Devéria, où une aristocrate levée de bonne heure tombe d'épuisement en tenue de bal à 5 heures du matin le lendemain. Le personnage d'Oblomov dans le roman éponyme de Gontcharov incarne cette horizontalité nantie, que ni son valet Zakhar, ni la bonne société russe qui défile pourtant chaque jour dans sa chambre, ne parviendront à redresser : « À peine éveillé, il eut l'intention de se lever, de se laver, et une fois son thé absorbé, de bien réfléchir à ce qu'il lui fallait examiner et noter, bref, à s'occuper, comme faire se doit, de ses affaires. » *Il eut l'intention*, écrit Gontcharov, mais n'en fit rien : « Il restait couché, depuis une bonne demi-heure, tourmenté par cette intention (…) rien, absolument rien, n'empêchait de réfléchir dans la situation horizontale[2] ».

1. Alain Corbin, *Les Cloches de la terre. Paysage sonore et culture sensible dans les campagnes au XIXe siècle*, 1994.

2. Gontcharov, *Oblomov*, traduction d'Arthur Adamov, Édition de Pierre Cahné, 2007.

Deux siècles plus tôt, on retrouvait déjà cette même partition sociale, mettant en scène maîtres et valets, les levers tardifs étant le seul privilège d'une certaine caste. Jean-François Regnard ouvre ainsi sa comédie *Le Joueur* par cette tirade d'Hector, valet du joueur éponyme, qui rêve de pouvoir se livrer à un tel programme : « Il est, parbleu, grand jour. Déjà de leur ramage / les coqs ont éveillé tout notre voisinage. / Que servir un joueur est un maudit métier ! / Ne serai-je jamais laquais d'un sous-fermier ? / Je ronflerais mon soûl la grasse matinée[1]. »

Miracle Morning

Cet *a priori* qui pèse sur la grasse matinée est aujourd'hui abondamment relayé par les ouvrages de développement personnel. Dans leur démarche prescriptrice, ils font du matin un moment de performance, de production et de dépassement de soi ; un moment où l'impossible devient possible et où chacun peut devenir un être un peu meilleur, un peu différent. Au-delà de la seule moralité, le matin relèverait également du *miracle*.

Le matin est miraculeux

Je voudrais, avant de me lancer tête baissée dans ce chapitre, y insérer une dose de nuance préventive. Cible bien commode de beaucoup d'intellectuels qui en moquent la futilité comme les dérives, attaquer ces ouvrages de façon définitive et sans nuance serait, je crois, méconnaître les bienfaits (certes plus ou moins

1. Jean-François Regnard, *Le Joueur*, 1697.

avérés et sincères) qu'ils peuvent effectivement prodiguer à certains de leurs adeptes. Ce serait méconnaître aussi la variété des productions qui se cachent derrière cette notion désormais un peu fourre-tout de « développement personnel ». Quand j'ai commencé à parler autour de moi de mon projet *d'écrire un livre sur le matin*, beaucoup de mes interlocuteurs ont évoqué la théorie du *miracle morning*, avec une curiosité joyeuse, certains l'ayant expérimenté quelques semaines seulement, d'autres *connaissant quelqu'un qui connaissait quelqu'un* qui effectivement avait résolu un problème, changé une mauvaise habitude ou redécouvert un hobby grâce à cette théorie.

Venons-en à elle, justement. Cet extrait de l'introduction résume à lui seul sa finalité : « Chaque fois que vous et moi nous réveillons, nous devons relever le même défi universel : surmonter la médiocrité et vivre en exploitant tout notre potentiel. (...) Le *Miracle Morning* vous permettra de devenir cette personne qui vaut 10, capable d'attirer, de créer et de maintenir, facilement et régulièrement, le succès maximal que vous souhaitez dans tous les domaines de votre vie[1]. »

Ces lignes sont extraites du best-seller désormais mondialement connu de l'Américain Hal Elrod, *Miracle Morning* : 200 000 exemplaires vendus aux États-Unis en autoédition, et pas loin d'un million dans le monde entier si l'on en croit son auteur[2]. Sa « méthode », issue de sa propre expérience et basée sur six « *life savers* »,

1. Hal Elrod, *Miracle Morning. Offrez-vous un supplément de vie* (traduction de Christophe Billon), First, 2016.

2. Hal Elrod, *L'Équation du miracle. Transformer le possible en certitude* (traduction de Christophe Billon), First, 2020.

doit vous permettre, en vous levant plus tôt chaque matin, de rejoindre les 5 % de la population qui « jouit véritablement de la vie dont elle rêve et qu'elle mérite ». On reconnaît dans la formulation de cette modeste ambition toute la mesure dont la culture américaine peut faire preuve dès lors qu'il est question de réussite individuelle. Au programme de la méthode : le droit au silence (respiration profonde, méditation, prière), la répétition d'affirmations sur soi et de ses objectifs, leur visualisation, l'exercice physique, la lecture et l'écriture. Ces six préceptes, appliqués chaque matin pour une durée de trente à soixante minutes (douche et petit déjeuner non inclus), doivent transformer votre vie. En deux cents pages, l'auteur délivre, non sans une certaine tonalité caporaliste, tous les conseils et exercices pour parvenir à cette fin, le tout en empruntant quasi exclusivement au champ lexical de la productivité et de la performance : « exploiter au maximum votre potentiel », « vous débarrasser de croyances limitantes qui entravent votre progression », « accroître votre productivité », « accroître grandement votre capacité à gagner plus d'argent », etc.

Nota bene : être matinal vous rendra riche.

Sans nier l'aide ou le réconfort que le livre a pu apporter à ses très nombreux lecteurs, il faut bien reconnaître que le livre de Elrod a tout du phénomène. Ces phénomènes que seule l'Amérique peut enfanter, avec leur lot de drame et de rédemption, de *storytelling* crédule et de tonitruant triomphe. C'est après un grave accident de voiture et la perte de son emploi qu'Elrod aurait trouvé la force et l'inspiration pour rédiger sa

« méthode », une méthode aujourd'hui portée par un prosélytisme quasi industriel. Car comme tout phénomène, la « méthode » se décline désormais en une quantité de produits dérivés : le kit pour bien démarrer, le site internet conçu comme une plateforme d'échanges et de rencontres de ses adeptes, les podcasts, les conférences, les newsletters ou les cours en ligne. Le livre lui-même est sans cesse enrichi, il a sa méthode pratique, sa version « spéciale millionnaires » qui vous « rendra aussi matinal qu'un millionnaire » démontrant « le lien indéniable entre les matins et la fortune[1] ».

Comme tout phénomène, enfin, Elrod et sa méthode ont leurs disciples et leurs plagiaires. Ainsi de Jeff Sanders, auteur de *Tout se joue avant le petit dej*[2] (issu du podcast « The 5 AM Miracle »), ou encore Robin Sharma et son *5 am Club : Own Your Morning, Elevate your Life*. Pour ce dernier, le lecteur doit se lever à 4 h 45 le matin afin de s'adonner à la *Victory Hour* (20 minutes d'exercice physique brutal, 20 minutes de réflexion et 20 minutes de « croissance »).

Mais une telle adhésion et de telles imitations ne valent ni homologation scientifique ni validation doctrinale. Au moment de sa sortie en France, le livre d'Elrod a été chroniqué par de nombreux magazines féminins, ravis de proposer à leurs lectrices une énième méthode culpabilisatrice. Il vous manquait bien un vice à corriger, non ? On le retrouve aussi dans la presse généraliste, par

1. Hal Elrod et David Osborn, *Miracle Morning pour millionnaires. Ce que font les riches avant 8 h et qui fera votre fortune* (traduction de Marie-Andrée Gragnon), Trésor caché, 2019.

2. Jeff Sanders, *Tout se joue avant le petit déj'* (traduction de Florence Paban), Marabout, 2016.

le biais de messages publirédactionnels, vous vendant tantôt un nouveau matelas, tantôt une machine à café dernier cri (allez-y, vous serez riche de toute façon).

Triche-t-on vraiment moins le matin ?

J'ignore si en me levant plus tôt le matin je maximise mes chances de devenir millionnaire – la science ne l'a semble-t-il pas encore démontré, et les amis que je mentionnais plus haut n'ont pour l'instant pas décuplé leur niveau de vie (du moins pas que je sache). Si cet aspect semble plus que douteux, plusieurs chercheurs se sont intéressés ces dernières années à la présumée morale du matin, dans des travaux portant sur ce que l'on pourrait qualifier de « chronomoralité », soit la dimension plus ou moins morale de nos actions et décisions en fonction des heures de la journée. L'idée étant, au départ, de valider scientifiquement ce vieil adage selon lequel les décisions prises en début de journée s'avéreraient plus morales que celles prises plus tard.

À première vue, la démonstration relève du truisme : oui, ma décision de commander un café plutôt qu'un Sex on the beach à 8 h 30 du matin est effectivement plus morale que ne le sera celle de 22 h 30 devant une carte de cocktails. Mais cette approche empirique devait être validée par la science. C'est ce que deux chercheurs de l'université de Harvard et de l'Utah ont voulu démontrer[1]. D'après eux, nous aurions « un comportement plus

1. Maryam Kouchaki, Isaac H. Smith, « The Morning Morality Effect : The Influence of Time of Day on Unethical Behavior », *Psychological Science*, 2014 ; 25 (1) : 95-102.

éthique le matin que le soir[1] », notamment en raison de la fatigue qui dissiperait progressivement notre concentration et nos capacités de jugement, nous entraînant vers des décisions moins réfléchies et donc plus immorales. Pour appuyer leur théorie, les deux universitaires américains ont conduit plusieurs expériences, dont l'une consistait à faire compter des points sur un écran à des étudiants. Les points étaient répartis entre la partie gauche et la partie droite de l'écran, mais l'exercice prévoyait également un intérêt financier à décompter davantage de points à droite (c'est en fonction du nombre de points sur cette partie de l'écran qu'ils étaient rémunérés). Deux groupes se sont prêtés à l'expérience : le premier entre 8 heures du matin et midi, le second entre midi et 18 heures. Les conclusions ont permis de démontrer que les testeurs matinaux avaient beaucoup moins triché que les testeurs de l'après-midi. CQFD.

Aussitôt affirmée, cette théorie trouvait ses contradicteurs. Parmi eux, une chercheuse en science du comportement a mené une série d'études[2] où elle a cherché à établir dans quelle mesure l'heure de la journée et le chronotype des personnes testées favoriseraient leur propension à tricher à un jeu. Les panels de testeurs relevaient ainsi de différents chronotypes scientifiquement définis, pris aux deux extrémités du spectre

1. Annie Kahn reprend cette étude dans « Vérité matinale », LeMonde.fr, 16 décembre 2013.

2. Brian C. Gunia, Christopher M. Barnes, Sunita Sah, « The Morality of Larks and Owls : Unethical Behavior Depends on Chronotype as Well as Time of Day », *Psychological Science* 25 (12), 6 octobre 2014.

(plutôt du soir ou du matin). Si les résultats permettent effectivement de conclure que la plupart des personnes testées trichent moins le matin, ils démontrent aussi que ce résultat n'est probant que pour les chronotypes du matin. Et l'opposé se révèle également exact : les chronotypes du soir trichent moins en fin de journée que le matin ! L'heure de la journée aurait donc moins d'effet sur l'honnêteté que la juste synchronisation entre une personne et son environnement. Pour la chercheuse, « les résultats de l'enquête devraient enfin dissiper ces stéréotypes selon lesquels les gens du matin seraient plus sains que les autres. (...) Le plus important, c'est l'adéquation[1]. »

J'ai réussi ma life, j'me lève à midi

Ces conclusions scientifiques nous permettent de contourner les maximes binaires. Non, le matin n'est pas nécessairement moral. Tout faire pour coller à cet *a priori* est d'ailleurs en soi une pratique douteuse, moins synonyme de moralité que le marqueur d'un psittacisme étroit. Prenons les choses autrement : le réveil, comme point de départ subi et contraint d'une journée de travail, est une forme de servitude. La capacité à s'émanciper du réveil à heure fixe, et – plus important encore – à se défaire du regard qu'un autre porte sur cette régularité est dès lors une forme d'affranchissement. Elle est la réelle transgression, contournement d'une bien putative morale matinale. Anna Wintour et Jeff Bezos ne l'assument pas encore. Laissons-leur le

1. *Ibid.*

temps. Ils ont en attendant beaucoup à apprendre du rappeur Oxmo Puccino, qui donne son titre à cette partie : « Putain, j'ai réussi ma *life*, j'me lève à midi », lance-t-il à un autre rappeur à succès, Orelsan, dans leur chanson « Ma life ». Loin du *miracle morning* (l'histoire ne dit pas si Oxmo Puccino a déjà tenté la méthode), une vie réussie c'est aussi une vie affranchie des contraintes, où l'on peut sans scrupule se lever à midi.

Dans la bande dessinée de Gébé *L'An 01*[1], adaptée au cinéma par Jacques Doillon en 1973, la société décide, du jour au lendemain, de se soustraire aux obligations du monde capitaliste et cela passe, en premier lieu, par l'abandon du réveil le matin. Dans le film de Doillon, un couple, pour s'amuser, décide tout de même de régler le réveil à 6 heures : après avoir feint l'obligation de se lever, il finit par éclater de rire et jouit, sous les draps, du plaisir de pouvoir rester couché.

1. Gébé, *L'An 01*, Le Square, 1972 ; réédition L'Association, 2014.

6

Informés

« Aussi, dès le matin, devant les livres accumulés
sur ma table, au dieu de la lecture
je fais ma prière de lecteur dévorant :
Donnez-nous aujourd'hui notre faim quotidienne ! »

Gaston Bachelard, *La Poétique de la rêverie*,
quatrième édition, 1968

3 h 30. Le réveil sonne. Alex Levy s'extrait péniblement de ses draps en satin. Red bull sans sucre, café, tapis de course, maquillage, manteau, taxi. Deux assistants zélés déroulent l'agenda de la journée : apéro avec Jane Fonda, rendez-vous avec une sénatrice, essayage d'une robe de gala. Alex est songeuse et scrute un Times Square désert, bardé de lumières artificielles dans l'obscurité nocturne. La voiture se gare devant les studios du groupe UBA. Dans quelques heures, elle présentera, comme chaque matin depuis dix ans, le « Morning Show », matinale de télévision la plus regardée des États-Unis. Mais elle le fera sans Chip, son partenaire et coanimateur de toujours, remercié par la chaîne après avoir fait l'objet d'accusations de harcèlement sexuel, parues dans le *Times* de la veille.

Alex Levy, c'est Jennifer Aniston, actrice vedette de la série *The Morning Show*, diffusée sur Apple TV depuis 2019, mise en scène du quotidien troublé d'une rédaction matinale percutée par le phénomène #MeToo. Alex Levy pourrait tout aussi bien s'appeler Katie Couric, Meredith Vieira, Ann Curry ou Savannah Guthrie, figures bien réelles de la télévision américaine qui ont partagé l'antenne avec l'animateur star Matt Lauer sur le plateau du « Today Show », avant qu'il ne soit remercié par la chaîne en 2017 pour « comportement sexuel inapproprié ». Si les scénaristes d'Apple TV démentent toute inspiration de faits réels, le « Morning Show » ressemble à s'y méprendre au « Today Show », programme vétéran diffusé de 7 heures à 11 heures depuis 1952 sur la chaîne américaine NBC et qui rassemble près de 5 millions de téléspectateurs chaque matin aux États-Unis. Il fallait bien une série hollywoodienne à succès pour incarner, dans un jeu de mise en abyme plutôt adroit, ce phénomène télévisuel et la singularité de son quotidien. Un quotidien structurellement déphasé, en décalage constant avec une société dont il doit pourtant être le reflet et le grand ordonnateur.

On pourrait tout à fait transposer l'exemple télévisuel américain dans l'univers radiophonique français. Là-bas comme chez nous, les mêmes succès, les mêmes vedettes, les mêmes imbroglios politico-médiatiques qui nous cueillent à la sortie du sommeil. Catéchèses profanes d'une actualité omniprésente, les matinales sont les laudes et matines d'un homme moderne qui n'a cessé de courir après les idoles. À la radio comme à la télévision, par la voix de leurs animateurs pontifes, elles donnent le *la*, distinguent l'intéressant du secondaire, l'essentiel de l'accessoire. Souverainement, et dans l'intimité du quotidien de ceux qui les écoutent et les regardent, elles distribuent les droits de parole, les bons et les mauvais points, engendrent les polémiques ou les éteignent. L'intime consent sans résistance à l'intrusion du monde, du politique, de la controverse dans son quotidien le plus banal. L'information s'immisce dans votre salle de bains, votre cuisine, votre voiture ; alliance apparemment contre nature et pourtant bien durable de la brosse à dents et du flash info, du rasoir et du micro tendu, du Krisprolls et de la revue de presse internationale.

Quarante millions d'amis

La scansion régulière des matinales radio a toujours rythmé mes débuts de journée : la ponctualité de leurs programmes, leurs chroniques au cordeau, leurs intervenants fidèles, voix amies toujours privées de visage. À chaque étape, chaque rubrique, chaque *jingle* son geste rituel ; toute désynchronisation étant le marqueur menaçant d'un retard ou, plus rarement, d'une avance. *Si je n'ai pas quitté l'appartement avant l'édito éco, je suis en retard. Si j'entends le début du journal de 8 heures, je suis* très *en retard.*

Le rapport très personnel que l'on peut entretenir avec elles n'a pour autant rien de singulier. Deux Français sur trois considèrent la radio comme le média du matin[1] et nous sommes plus de quarante millions à l'écouter chaque jour. Quarante millions d'êtres consentants à laisser entrer le chahut, le tumulte de l'actualité, dans leur intimité.

Est-ce pour cela que les matinales jouent un rôle aussi déterminant dans notre appréhension de l'information ? Parce qu'elles nous parviennent dans ces

1. Institut CSA, en partenariat avec Lagardère Publicité News et RCS Europe, « Les français toujours fidèles à la radio », étude de janvier 2020.

moments les plus intimes et, littéralement, les plus nus ? Ces moments où, à peine réveillés, nous sommes un peu plus vulnérables, un peu plus réceptifs aussi ?

La prière du matin de l'homme moderne

En dépit de leur importance aussi manifeste que paradoxale, les matinales ont fait l'objet d'un nombre limité de travaux et leur histoire demeure lacunaire et mal connue. Cette « intraçabilité » est le fruit de deux ignorances concomitantes : celle, longue mais révolue, de l'histoire de la radiotélévision, finalement rétablie par Jean-Noël Jeanneney dans *L'Écho du siècle* : selon l'historien, les universitaires ont longtemps rechigné à admettre cette « matière » dans le sacrosaint champ de l'histoire. « De même que les professeurs et les chercheurs ont été parmi les derniers, sauf exceptions, à laisser entrer la télévision dans l'intimité familiale, ils ont mis aussi du temps à en admettre l'importance dans la démarche de l'historiographie contemporaine, et cette répugnance, élargie à la radio, a eu des conséquences durablement négatives sur le développement de la connaissance[1]. » Rien d'anodin à ce que l'un des exercices les plus récents et les plus stimulants sur le sujet ne vienne ni de la sociologie ni de l'histoire mais du documentaire (*La Maison de la radio* de Nicolas Philibert[2]). La deuxième de ces ignorances, c'est celle, largement commentée depuis le début de ce livre, des sciences sociales à l'égard des matins.

1. Jean-Noël Jeanneney, *L'Écho du siècle. Dictionnaire historique de la radio et de la télévision en France*, Fayard, 1999.
2. Film documentaire de Nicolas Philibert, 2012.

Ce manque est d'autant plus incompréhensible quand on voit la place, presque incongrue au vu du paysage audiovisuel et médiatique de notre époque, qu'occupent aujourd'hui les matinales radio. Ce média dont on a tant de fois prédit l'imminent déclin, que l'on disait volontiers rabougri, dépassé, vieillot... Déjouant les Cassandres, la matinale conserve toute sa vigueur : près de 4,5 millions d'auditeurs écoutent religieusement, chaque matin, le 7/9 de France Inter. C'est la « prière du matin de l'homme moderne », selon la formule prêtée à Hegel (qui parlait alors du journal). Aliénation servile ou passion sincère, la matinale radio a tout du rite païen.

Il y a bien une sorte de relent mystique ou liturgique dans cette écoute matinale, docile et synchrone. Quelque chose de rassurant aussi : sevré de son terrible opium, le peuple cherchait sa nouvelle dépendance et l'information en présentait tous les attrayants atours. Que vous dit le journal du matin sinon que les problèmes du monde surpassent et annihilent vos petites misères quotidiennes ? Que peuvent bien valoir mes problèmes, contingences insignifiantes, face à la faim dans le monde et au chômage de masse ? Que faire souverainement de cette vie, dont on m'a dit ce matin encore qu'elle était contingentée par le capitalisme international et le dérèglement climatique ? Tout savoir pour ne surtout pas se sentir responsable. Fin du journal. Me voilà rassurée. *Vous êtes sur France Inter, il est 8 heures.*

Les enfants de la radio

Pour comprendre cet insolent triomphe, il faut aussi avoir à l'esprit le chemin de croix parcouru par la matinale pour s'imposer d'abord, se maintenir ensuite. Si la radio naît dans les années 1920, elle tarde à émettre le matin. Les heures de diffusion, encore très limitées, s'étalent sur les soirées et proposent des programmes essentiellement musicaux. Je vous parle d'un temps où l'« information » se limite aux bulletins météo et aux cours des produits agricoles. Un temps où, progressivement, les heures de programmation s'allongent : Radio Luxembourg propose un premier programme matinal en 1933, bientôt imité par le Poste parisien. On consacre quelques heures le matin au « ménage en musique », à la « culture physique » et à la « messe des malades »... mais il s'agit encore de relatives incongruités dans un paysage très largement dominé par les programmes musicaux du soir.

Cette prédominance de la soirée et la lente ascension de l'information radiophonique s'expliquent en partie par le pouvoir hégémonique alors exercé par la presse papier (structurellement et majoritairement du matin). Le journal à la radio s'érige comme un redoutable concurrent pour le papier qui assiste, impuissant, au développement rapide de son rival hertzien. On comprend que les patrons de presse, accusant la radio de concurrence déloyale, tentent d'endiguer son développement : en 1935, des accords sont signés avec les radios privées pour interdire la diffusion de reportages dans les trois heures qui suivent la sortie des quotidiens papier. En 1937, de nouveaux accords suppriment les revues de presse matinales et limitent à cinq le nombre de bulletins d'informations quotidiens. En 1938, des restrictions similaires s'appliquent aux postes publics.

La tentative d'endiguement est lancée. Elle ne tiendra qu'un temps.

Il faut attendre l'après-guerre et la reprise en main de l'information à la Libération pour assister à l'émergence institutionnalisée de la matinale radio. Une circulaire de 1945 prévoit que des émissions d'information auront lieu à heures fixes et le plus souvent possible. Il faudra encore trente ans à la matinale pour trouver la formule que nous connaissons aujourd'hui, celle inventée en 1974 par le journaliste Philippe Gildas, concepteur de la première « matinale en continu » sur France Inter, format qu'il développera dès l'année suivante et pendant six ans sur Europe n° 1.

La trêve ne sera que de courte durée. Dix ans très exactement après l'invention de la matinale par Gildas, c'est la première matinale télévisée qui voit le jour sur la fringante Canal+. Nous sommes le 4 novembre 1984, il est 8 heures du matin et les 186000 « abonnés fondateurs » de la chaîne découvrent le « 7/9 », premier *talk show* du matin, présenté par Michel Denisot. Programme lui aussi très vite concurrencé par « Télématin », qui fait son apparition sur le service public un an plus tard, en 1985, et s'inspire très ouvertement de sa cousine américaine déjà trentenaire, le « Today Show ». Mais contre vents et marées le transistor se maintient. Comme l'écrit Jean-Noël Jeanneney, « lorsque, au milieu des années 1980, la télévision du matin prend son essor, toutes les radios généralistes s'en inquiètent, puisqu'il s'agit de la tranche temporelle de leur plus forte audience. Or, dix ou quinze ans plus tard, on constate que, s'il y a eu des redistributions d'une station à l'autre, l'écoute globale n'a pas fléchi[1].» La messe est dite. *Video* did not *kill the radio stars*.

Cette brève histoire coïncide avec celle – brillamment documentée par Jérôme Fourquet dans *L'Archipel français*[2] – de la déchristianisation rapide de la France dans la seconde moitié du XXe siècle. Comme l'écrit Fourquet, le concile de Vatican II (1962-1965) précipite un mouvement de fond déjà engagé depuis de très nombreuses années, en particulier car il entérine la fin de la pratique cultuelle obligatoire. La chute du catholicisme en France et la montée en puissance concomitante des matinales ne peuvent évidemment pas s'interpréter comme se substituant l'une à l'autre (on n'allait d'ailleurs plus écouter les matines ou les laudes depuis bien longtemps, les deux «vases» sont donc loin d'être communicants). On peut toutefois considérer qu'un rite religieux déclinant soit progressivement et partiellement remplacé par un rituel païen – celui du culte de l'information. L'effondrement d'un édifice idéologique en appelle toujours un ou plusieurs autres. Le sport, la méditation, le yoga sont d'autres de ces substituts, dans des proportions peut-être plus marginales.

Mais là où la comparaison trouve ses limites, c'est dans l'un des ressorts de la pratique rituelle. Il y a dans l'écoute assidue de l'actualité le matin la peur tacite de *manquer quelque chose*. Cette peur-là ne guettait *a priori* pas le dévot qui s'apprêtait à prier. «Louper» une information, ne pas avoir entendu la petite phrase,

1. Jean-Noël Jeanneney, *op. cit.*
2. Jérôme Fourquet, *L'Archipel français. Naissance d'une nation multiple et divisée*, Seuil, 2019.

le dérapage de l'un ou la fulgurance d'un autre. Que risque-t-on ? Probablement pas grand-chose. Mais il faut croire que c'est déjà trop. Qui n'a pas vécu (subi ?) cette conversation où l'on fait référence à quelque chose que vous n'avez ni lu, ni vu, ni entendu mais qui est mentionné sur le ton de l'évidence, comme relevant désormais d'un patrimoine présumé commun et incontournable (dans quelque temps tout le monde l'aura oubliée et vous le savez très bien). C'est le désormais célèbre concept de FOMO[1], néologisme qui désigne à la fois la crainte de passer à côté d'une relation sociale ou d'une information. Nous sommes nombreux à en être devenus les grands malades.

Enfant déjà, membre sans le savoir de la « génération Minikeums », je craignais plus que tout de manquer un épisode des aventures de ces marionnettes en latex coloré et aux fronts proéminents. Sur un service public alors hégémonique, les Minikeums officiaient chaque matin durant la décennie bénie 1990-2000, avec le même triomphe que leurs parents de début de soirée, les Guignols de l'info, avec lesquels ils partagent un géniteur commun, le scénariste et auteur Arnold Boiseau.

Comme les céréales qui accompagnent les étapes de votre croissance et enrichissent leur gamme pour répondre aux attentes toujours plus précises et segmentées des jeunes consommateurs, la télévision a suivi la même trajectoire d'adaptation et de convoitise. Un an tout juste avant la fin des Minikeums en 2002, les dessins animés de mon enfance étaient déjà remplacés par

1. De l'anglais *Fear Of Missing Out*, qu'on traduira par « peur de rater quelque chose ».

le programme qui réveillerait mes week-ends d'adolescente : « KD2A », « Carrément Déconseillé Aux Adultes », diffusé sur France 3 entre 2001 et 2009. Je me souviens encore de ma fascination pour les personnages majoritairement féminins de leurs programmes, des séries *Sister, Sister* à *Sabrina, l'apprentie sorcière*, en passant par *Lizzie McGuire*, *Clueless* et les nombreux sitcoms des sœurs Olsen. Séries essentiellement anglo-saxonnes, à prédominance américaine, elles marquent l'une des limites de cette industrie, largement nourrie par des contenus produits outre-Atlantique. Plus tard, les productions françaises *Cœur Océan* et *Foudre* devaient rectifier cette anomalie et remporter des succès inédits d'audiences matinales sur le service public (près de 30 % de part d'audience pour le public des 15-24 ans pour *Cœur Océan* en 2010). Tous ces programmes, encore peu concurrencés par les chaînes spécialisées de la TNT et par les contenus numériques, fédéraient des générations entières de téléspectateurs dont les souvenirs d'enfance sont peuplés des mêmes mythologies télévisuelles. L'enfant accro aux dessins animés qui m'étaient pourtant majoritairement interdits devint plus tard l'adulte avide d'information jamais totalement rassasiée.

La vie dans les bois

Ce rapport pathologique à l'information a nourri les plus éminents détracteurs de cette religion nouvelle qui aura, comme toutes ses consœurs, ses infidèles et ses apostats. Ces derniers n'ont d'ailleurs pas attendu l'émergence des matinales pour affirmer leur hérésie.

On le lit déjà chez Zola : « Enfin, je ne lirai donc plus de journaux ! Oh ! ne rien savoir, c'est la volupté, c'est le paradis, après nos débauches de renseignements ! Le lever chaque matin dans quelque coin perdu, les oreilles calmes, en pleine ignorance de ce qu'ont pu dire et faire, la veille, les éternels pantins de la politique[1]. »

Le renégat Proust le dira avec son ironie subtile deux décennies plus tard : « Procéder à cet acte abominable et voluptueux qui s'appelle *lire le journal* et grâce auquel tous les malheurs et cataclysmes de l'univers pendant les dernières vingt-quatre heures (...) transmués pour notre usage personnel à nous qui n'y sommes pas intéressés, en un régal matinal, s'associent excellemment, d'une façon particulièrement excitante et tonique, à l'ingestion recommandée de quelques gorgées de café au lait[2]. »

Tout le mouvement *Slow Life* qui voit le jour à la fin des années 1980 dit peu ou prou la même chose. Dignes héritiers du David Thoreau de *La Vie dans les bois*, ses adeptes font l'éloge de la lenteur, de la conscience de soi et du recul, loin du cycle infernal des nouvelles et de l'information. Éloge de la nature, du retour à un état primitif antérieur : « Chaque matin était une joyeuse invitation à mettre ma vie, dans sa simplicité, et je pourrais dire son innocence, à l'unisson avec la nature elle-même[3]. » Dans une société où près de la moitié des

1. Émile Zola, préface de Charles Chincholle, *Les Mémoires de Paris*, 1889.
2. Marcel Proust, « Sentiments filiaux d'un parricide », *Le Figaro*, 1er février 1907.
3. Henry David Thoreau. *Walden ou la vie dans les bois* (traduction de Louis Fabulet, 1922), Gallimard, « L'imaginaire », 1990.

18-34 ans consultent les réseaux sociaux à peine réveillés, où un Français sur cinq consulte son smartphone moins de cinq minutes après son réveil[1], les préceptes de Thoreau sonnent avec une acuité particulière. Alors en *digital detox* on vous proposera, le matin en vous réveillant, de *prendre votre météo intérieure*. Celle-là, aucun bulletin météo ne vous la donnera.

1. Étude Deloitte réalisée en mai 2012 sur les Français et leur équipement mobile.

7

Connectés

« Wake up, Neo…
The Matrix has you…
Follow the white rabbit…
Knock, knock, Neo. »

Les Waschowski, *Matrix*, 1999

À première vue c'est un lit tout ce qu'il y a de plus banal, désespérément rectangulaire, avec son matelas, son cadre et ses quatre pieds. On le rangerait volontiers dans la lignée monotone des quadrilatères à ressorts ou à lattes – de celui qu'Ulysse tailla à Pénélope dans un tronc d'olivier au modèle sériel et mondialisé d'IKEA au nom imprononçable. Baldaquins, gigognes et superposés mis à part, l'histoire du lit n'est, d'Ithaque à Älmhult[1], que confort sobriété et robustesse. Songez au lit rond ou au matelas d'eau, qui n'ont à ce jour jamais conquis d'autres territoires que ceux, kitsch et clinquants, de la télé-réalité racoleuse, des hôtels de luxe émiratis ou de quelques décors notables de films hollywoodiens[2]. L'objet lit fut certes régulièrement dévié de sa fonction (à la Renaissance, on y reçoit, on y travaille et on y dîne), mais jamais complètement :

1. Pour le lecteur qui ne serait pas familier de l'histoire du géant suédois, il s'agit du village où la marque est née en 1943, et où se trouve toujours son siège social « design », dans le sud du pays.

2. Voir par exemple le lit de George Jung (Johnny Depp) dans le film *Blow* de Ted Demme (2001).

il demeure le réceptacle passif, bienveillant et quadrangulaire de nos sommeils quotidiens.

Si vous regardez ce lit d'un peu plus près, vous pourrez déceler de discrets petits capteurs, à peine visibles à l'œil nu, connectés à des mécanismes intégrés au matelas et au cadre. Ce lit, en réalité, n'est pas banal : c'est un prototype de la *sleep tech*, ici décliné sous la forme florissante du *smart bed*, le lit intelligent. La tendance à doter d'intelligence les objets de notre quotidien a donc gagné du terrain et, selon le modèle et les options que vous choisirez, celui-ci pourra empêcher votre partenaire d'empiéter sur votre territoire[1], s'adapter à la température de votre corps, éviter les ronflements, calculer vos cycles de sommeil et, bien entendu, vous réveiller *au bon moment*. Pour les plus aventuriers, il existe aussi – à l'état prototypique – un modèle de lit éjectable[2], réminiscence du « sommier irascible » déjà répertorié parmi les instruments de torture recensés par Pascal Dibie dans son *Ethnologie de la chambre à coucher*[3]. Les mouvements de votre corps s'éveillant déclencheront automatiquement l'activation de votre cafetière, laquelle est bien entendu aussi « intelligente » et connectée à votre lit. Elle connaît parfaitement vos goûts et sait qu'à cette heure-ci, c'est d'un allongé moka noisette force 7 dont vous avez

1. Ce modèle est développé depuis 2019 par Ford et permet, grâce à un système de tapis roulant, de ramener le dormeur envahissant à sa place. La technologie est initialement utilisée par la marque pour aider au maintien des SUV sur les voies de circulation.

2. « Il invente un lit qui vous éjecte au réveil. Un Britannique a inventé un lit "Ejector" pour pallier… les pannes de réveil. », France3.fr, 1er août 2015.

3. Pascal Dibie, *Ethnologie de la chambre à coucher*, Grasset, 1987.

besoin[1]. Un besoin qui sera peut-être contredit, quelques minutes plus tard, par votre balance connectée qui jugera que la teneur en sucre de ce breuvage n'est pas recommandée étant donné les trois points de masse graisseuse excédentaire qui apparaissent sur son écran réprobateur. Votre montre abondera dans son sens, considérant votre rythme cardiaque matinal plus adapté à un café force 4 ou 5. Plus d'intelligence, moins de libertés ?

Dans une courte nouvelle parue en 2016, l'écrivain de science-fiction Bernard Werber consacrait quelques pages au réveil de Luc, épuisé par le caquètement ininterrompu des objets de son quotidien. Un réveil qui lui crie dessus, des chaussons fredonnant, une porte débordant d'enthousiasme, des chemises qui se boutonnent toutes seules, une télévision et une chaîne hi-fi se disputant. « Luc, écrit Werber, en venait parfois à regretter les bons vieux objets silencieux. Les objets avec un bouton on/off. On n'en trouvait plus que chez les antiquaires : des réveils à ressort qui sonnaient en frappant une petite cloche de métal, des portes qui grinçaient, des pantoufles inertes et sans danger. Bref, des objets qui ne singeaient pas la vie[2]. » Ce texte est révélateur de la vitesse ahurissante à laquelle l'invention littéraire peut être dépassée par l'évolution technologique. Tous ces objets animés relevaient, chez Werber dont c'est la spécialité, de la science-fiction et la quatrième de couverture appâtait le lecteur avec cette question, devenue depuis un truisme parfaitement résolu par tous les

1. Comptez plus de 1 000 euros en moyenne pour ce genre de modèle.

2. Bernard Werber, *Un monde trop bien pour moi*, Albin Michel, 2016.

heureux détenteurs d'une intelligence Alexa – (Joachin Phoenix dans *Her* le premier) : « Et si chaque objet de votre quotidien avait le pouvoir de parler et d'interagir avec vous ? » Même impression de décalage, celle d'un futur devenu précocement vieillot, quand on revoit cette scène du *Cinquième Élément* de Luc Besson, où Bruce Willis se réveille dans sa capsule tout équipée du sud de Brooklyn entièrement automatisée, remplie d'objets perçus par le public de l'époque (le film sort en 1997) comme prodigieusement futuristes (son *smart bed* à lui se rangeait tout seul dès qu'il se levait). Le spectateur du XXIe siècle revoit les choses bien différemment.

Sous contrôle

L'intelligence que l'on a bien voulu confier un jour à ma voiture ou à mon téléphone me paraissaient sinon légitimes tout du moins compréhensibles (éviter un accident, déjouer un sens de l'orientation terriblement lacunaire et handicapant, perfectionner une mise au point). Celle dont on voudrait désormais doter mon lit me semble beaucoup plus superflue, voire dangereuse. L'avenir nous dira si l'inventeur du *smart bed* fut un visionnaire ou si, dans vingt ans, sa technologie nous paraîtra aussi archaïque et incongrue que la montre-radio de Dick Tracy, le minidisque ou les Google Glass.

Dans *Alexandre le Bienheureux* d'Yves Robert, le héros incarné par Philippe Noiret décide, à la mort de sa femme tyrannique et autoritaire, de recentrer toute son existence autour du seul cadre de son lit. Aidé de son chien fidèle, il l'équipe de tous les mécanismes nécessaires pour ne jamais avoir à le quitter. Génie d'inventivité, Alexandre est le père fondateur du *smart bed* avant la lettre. Mais le lit chez Yves Robert est le complice intelligent de la liberté, de l'oisiveté et d'une horizontalité choisie. Modèle d'émancipation et d'ingéniosité poétique, il n'est pas anodin que beaucoup de commentateurs aient, *a posteriori*, vu en Alexandre le prophète bienheureux de Mai 68. Un an après Mai 68, c'est Pierre Étaix qui imagine dans *Le Grand Amour* des lits roulants autonomes, promenant les rêveurs endormis sur la route des songes, donnant lieu, là encore, à des scènes pleines de poésie et de drôlerie.

C'est donc moins la course effrénée à l'innovation superfétatoire qui me préoccupe ici que le besoin toujours plus prégnant de se soumettre au contrôle et à l'autorité de ce qui fut initialement conçu pour notre pleine et souveraine jouissance. Et le microcapteur installé sur un matelas aujourd'hui prototypique n'est que l'aboutissement d'un long parcours d'asservissement auquel nous nous livrons avec une relative indifférence, si ce n'est une certaine volupté. Le réveille-matin (lui aussi peut être intelligent, on l'a d'ailleurs rebaptisé, dans un élan d'inventivité rare, le « réveille-malin ») était déjà un objet d'assujettissement et de contrainte. Pourquoi fallait-il qu'il soit de mèche avec mon lit ? Le lit refuge, le lit sanctuaire, au centre d'un foyer rassurant et protecteur, à contre-courant d'une domesticité aliénante, dont a parlé si justement Mona Chollet[1], le lit de l'amour, des sommeils réparateurs, le lit familial, solitaire… C'est bien sa neutralité, son absence de jugement que l'on recherche et que l'on chérit. Et tout

1. Mona Chollet, *op. cit.*

éloignement de son utilisation initiale doit être choisi et non contraint : sauter sur son lit ou y faire l'amour.

Le biopouvoir, les loirs et les coqs

« Pourquoi alors nous as-tu fait réveiller à 4 heures du matin ? J'aurais si volontiers dormi la grasse matinée, moi que la Nature a créé loir et dont la Société a fait un coq[1]. » J'ignore si, comme le journaliste et écrivain Alfred Delvau, nous sommes tous nés loir avant d'être condamnés à devenir coq, mais je crois pouvoir affirmer sans trop me tromper que bien des loirs sont quotidiennement contraints dans leur nature et que bien des coqs le sont devenus malgré eux. Que vous soyez loir contrarié ou coq forcé, ce détour par la métaphore animale permet d'approcher une différence essentielle entre le matin naturel et le matin culturel. Les objets connectés du matin marquent une forme d'apogée du matin dit « culturel », dont les rituels et les rythmes sont déterminés non plus par les lois de la nature, mais par le conditionnement productif du biopouvoir. Le réveille-matin (ou « malin ») est l'instrument archétypique de l'exercice de ce biopouvoir. Il ne fait pourtant aucun doute que nul homme n'est condamné à dormir éternellement, et vous avez probablement expérimenté ce luxe ultime qu'est le réveil naturel. Guillaume Garnier dans son *Histoire du sommeil*[2] rapporte qu'au XVIIIe siècle on se levait couramment autour de 4 heures du matin et qu'il était très rare de se lever après 5 heures, non pas

1. Alfred Delvau, *Du pont des Arts au pont de Kehl (Reisebilder d'un Parisien)*, 1866.
2. Guillaume Garnier, *op. cit.*

que des réveils étaient programmés pour, mais que la lumière du jour jouait parfaitement ce rôle.

Avant d'être connectés, nos matins répondaient donc à la seule logique que leur dictait la nature, l'efficacité des mouvements du soleil seulement relayée par quelques adjuvants tout aussi puissants, au premier rang desquels le fier et combatif monarque des basses-cours : le coq. Gallinacé chantant, emblème national tantôt revendiqué tantôt rejeté[1], il fut le retentissant réveil du peuple des siècles durant. Bien connu pour son chant matinal, il coqueline en réalité à différentes heures du jour, au grand dam de certains de ses voisins, et notamment des « néoruraux » qui ont investi les campagnes et accumulé les attaques, notamment judiciaires, à son encontre. C'est ainsi que, face à la multiplication des litiges visant à qualifier son chant de nuisible au prétexte qu'il porte atteinte à la tranquillité du voisinage, une proposition de loi a dû venir au secours du chant du coq pour donner une base légale, intouchable, au « patrimoine sensoriel » de nos campagnes et préserver ainsi la légalité de son chant. Petite victoire pour le matin naturel, supplanté dans ses moindres recoins par un matin culturel qui ne tolère plus son illustre héritage.

Bien appliquée

Sous ses airs apparemment modestes et anodins, le réveil est la déclinaison sérielle mais individuelle des cloches ou de l'horloge communale, techniquement moins abouties mais elles aussi conçues pour contrôler

1. Lire à ce sujet les passionnants travaux de Michel Pastoureau.

le lever des croyants puis des travailleurs. Comme l'écrit encore Dibie, « avec le développement des pendules et les horaires obligés, le temps prit donc une valeur nouvelle et la crainte d'un retard poussa les hommes à *raffiner leur supplice.* » Ainsi a-t-on inventé il y a trois siècles l'action de *snoozer*. Tout cela pour éviter de « perdre ce temps qu'on dit être de l'argent[1]. »

Ne pas perdre de temps, optimiser votre vie. C'est bien la promesse entretenue par votre montre connectée qui vous réveille par de légères vibrations quand elle vous sait en phase de sommeil léger. Idem pour votre bracelet connecté, votre balance, votre tensiomètre ou votre *tracker* d'activité, toujours là pour vous servir. La profusion des applis à utilisation matinale illustre là encore cette immixtion sournoise dans notre quotidien le plus intime. Attrayantes, ludiques et colorées, elles sont friandes de données statistiques et bâtissent leur empire sous les oripeaux de la rationalité. Elles vous promettent vingt et un jours pour changer une mauvaise routine, vantent les sept habitudes des gens efficaces[2], les cinq ordres de Marie Kondo[3] pour démarrer du bon pied et vous livrent chaque matin la durée totale de vos cycles de sommeil ou le nombre de pas à effectuer dans la journée pour bien dormir ce soir.

1. Pascal Dibie, *op. cit.*

2. *Les 7 habitudes des gens efficaces*, de Stephen Corvey est un ouvrage de développement personnel publié en 1989, traduit dans 38 langues et vendu à des dizaines de millions d'exemplaires.

3. Marie Kondo, née en 1984 à Tokyo, est connue dans le monde entier comme la « spécialiste du rangement ». Elle a publié plusieurs ouvrages de développement personnel qui mettent en avant l'importance d'un environnement ordonné. Elle a créé la méthode « KonMari », la relaxation par le rangement, notamment déclinée en routine matinale.

Dans les airs

Le caractère construit et relatif du matin trouve sa pleine manifestation dans les univers où il n'existe précisément pas, mais où l'on s'évertue à le pratiquer malgré tout. Le 25 juin 2021, l'astronaute français Thomas Pesquet entamait sa troisième expédition dans l'espace à bord de la station spatiale internationale (ISS). La notoriété dont jouit Pesquet en France, couplée à la fascination millénaire à l'égard de tout ce qui relève de l'extra-terrestre, a suscité une attention inédite à l'égard de cette mission, laquelle attention était bien souvent décorrélée de ses enjeux scientifiques. L'hypermédiatisation dont il a fait l'objet s'est d'ailleurs souvent concentrée sur son quotidien et ses habitudes à bord de la station, un quotidien littéralement inexistant, ou pléthorique et fractionné, puisque l'ISS met 1 h 30 pour faire le tour de la terre et que ses passagers observent en moyenne entre 15 et 16 couchers et levers du soleil « par jour ». Les astronautes sont cependant bien soumis à un rythme de vingt-quatre heures pour ne pas chambouler leurs habitudes circadiennes – culturellement construites et intégrées depuis des siècles – et suivent, pour cela, des emplois du temps bien précis et calés sur le temps universel coordonné (UTC), l'heure de Londres, retenue pour son égale distance de Houston et Moscou. Ce temps reconstruit laisse donc libre cours à la pratique de routines, dans un environnement dont on pourrait pourtant penser qu'il en est le plus éloigné qui soit. Au gré des dizaines d'interviews de l'astronaute et *via* son intense activité sur les réseaux sociaux, on apprend ainsi que Pesquet fait partie des lève-tard, – sa journée démarre aux alentours de 6 h 30, régulièrement par une prise de sang, les échantillons sanguins ayant ensuite vocation à être examinés au retour sur terre pour mesurer l'impact de ces rythmes et de cet environnement sur le corps humain. Sur Instagram, Thomas Pesquet se filme en pleine séance de musculation en apesanteur, avec le hashtag #SpaceWorkout, après s'être extrait de son sac de couchage. On apprend aussi que la nourriture y est essentiellement mais pas uniquement consommée sous forme de sachets lyophilisés, le plus souvent attachés ou scratchés à une table qui n'est pas tant là pour assurer sa fonction initiale, rendue caduque par la pesanteur, mais pour signifier un lieu du rassemblement, simulacre d'une convivialité empêchée dans l'espace. Au petit déjeuner, la baguette de pain y est d'ailleurs strictement exclue car elle génère trop de miettes. Dans une interview accordée au magazine *Elle* à son retour de sa première expédition à bord du vaisseau spatial, Thomas Pesquet confiait d'ailleurs éprouver un plaisir certain en retrouvant les joies du croissant le matin[1]. Les milliardaires Jeff Bezos, Richard Branson et Elon Musk, dont l'espace est le nouveau terrain de jeu, instaureront-ils de telles routines matinales dans leur royaume ? La grasse matinée y sera-t-elle bannie ou tolérée ? Ou créeront-ils leur propre temps, déconnecté du temps terrestre, comme d'autres ont lancé leur propre monnaie pour asseoir leur empire ?

---

1. Julia Dion, « Une journée d'été avec Thomas Pesquet », *Elle*, août 2017.

8

Tous les matins du monde

«Le ciel est bleu
Comme au matin du monde
De mon épouse j'ai reçu cette pomme.»
Kusatao Nakamura

Sommarøy est une petite île de 0,39 km^2 rattachée au comté de Troms sur la *kommune* de Tromsø, en Norvège. Bourgade pittoresque parfaitement fidèle à vos représentations mentales du Grand Nord, cette île aux 328 habitants a la particularité de ne pas voir de nuit pendant soixante-neuf jours d'affilée. Située à l'extrémité du cercle polaire arctique, elle est le témoin sémillant et perpétuel de mai à juillet du « soleil de minuit », oxymore aux accents hugoliens (aussi appelé « jour polaire ») qui désigne ce phénomène dû à la réfraction de la lumière du soleil dans l'atmosphère.

Soixante-neuf jours sans nuit sont-ils encore des jours ? Pourquoi s'astreindre à ce découpage artificiel, à ce rythme aliénant par nature quand la nature elle-même a décidé qu'il n'y avait plus de rythme ? Pourquoi ne pas dormir vingt heures puis vivre intensément les vingt suivantes ? Dormir quand il est 15 heures et aller à l'école à 2 heures ? Se coucher quelques heures et reprendre la vie ensuite ? C'est ce fantasme d'une vie émancipée du temps et de ses contraintes dont tirent profit les Norvégiens, soucieux d'attirer des touristes du monde entier séduits par cette promesse : être « hors du temps ». L'organisme chargé de la promotion du tourisme dans le pays, Innovasjon Norge, a ainsi prétendu que les habitants de Sommarøy avaient déposé une pétition auprès du Parlement norvégien afin d'obtenir l'abolition du temps pendant ces soixante-neuf jours. La supercherie prend et la pétition est très vite relayée par plusieurs médias français et européens, avant que l'imposture ne soit finalement découverte (et vivement critiquée[1]).

Par-delà l'anecdote, l'épisode renvoie à des considérations et préoccupations parfaitement légitimes. Il rappelle d'abord toute la contingence et l'arbitraire d'un fuseau horaire et du découpage des jours : le caractère construit, relatif, conventionné et conventionnel des différents moments de nos journées et *a fortiori* celui par lequel tout commence. Il nous dit surtout qu'il existe une stimulante histoire mondiale des matins, que les matins artificiels de Tromsø et des villes polaires qui, l'hiver, ne voient jamais le soleil se lever ne sont pas ceux de Paris, de Londres ou de Tokyo. Loin d'être le parangon de l'ordinaire, le matin se révèle un objet traversé par des questions d'influence et de géopolitique. C'est à cette géohistoire que ce dernier chapitre s'intéresse, au gré d'une déambulation aléatoire, seulement guidée par l'envie d'extraire encore un peu plus mon sujet du continent du coutumier et du banal. Du petit déjeuner comme catalyseur de la mondialisation en passant par les salutations au soleil, extraites de leur Inde natale pour se diffuser dans toutes les salles de fitness

1. Ines Cussac, « Norvège : une île prétend vouloir abolir le temps pour attirer les touristes », LeFigaro.fr, 20 juin 2019.

d'Occident, en allant jusqu'à l'*hikikomori* japonais – cet Oblomov contemporain et pathologique qui propage son idéologie somnolente dans le monde entier.

Chacun son heure

Chez ceux qui ont beaucoup voyagé ou vécu à l'étranger, une remarque revient systématiquement : les matins dans cette ville, ce pays où ils ont vécu, sont très différents de ceux observés au cours de leur vie française. On s'y levait plus ou moins tôt, on y faisait plus ou moins de sport, on y mangeait telle ou telle spécialité… *À Londres, les journées de travail commencent beaucoup plus tôt, à 8 heures tout le monde est déjà au bureau. À Kinshasa, on se lève avec le soleil, dès 6 h 30 la ville bourdonne. À Tokyo, on démarre tellement tôt qu'il n'est pas rare de croiser dès 15 heures dans les McDonald's des Tokyoïtes épuisés.* Ici ou là on ne mange *que du salé* le matin. Et là-bas on ne mange *pas du tout* (en Italie, le repas le plus important de la journée se réduit généralement à un alliage *ristretto*-cigarette, pris au comptoir ou en terrasse, parfois accompagné d'un *cornetto*[1]). Et sans aller jusqu'à Londres, Naples ou Kinshasa, l'Hexagone a lui aussi ses variations autour du matin. Lorsque je me suis installée à Paris, on m'a souvent répété : « Ah tu verras, à Paris ils commencent beaucoup plus tard que chez nous. » Attribut incontournable de la panoplie du parfait Parisien haïssable, le « commence-tard » (corollaire

1. Ce qui ne l'empêche pas d'être suivi, généralement, d'un goûter de milieu de matinée composé de sandwichs au jambon.

d'ailleurs du couche-tard) revient inlassablement dans la bouche des provinciaux[1].

Les matins du monde répondent donc à une dynamique souvent contraire, pris entre particularismes locaux et globalisation neutralisante ; toute singularité semblant irrémédiablement vouée à trouver sa place dans un paysage mondialisé dont elle ne contredit ni l'ordre ni l'expansion. Le caractère conventionnel et mondialisé de certains codes matinaux n'exclut pas totalement la nuance ni l'appropriation. Ainsi l'*English breakfast* (*full English* pour les puristes) se maintient-il fièrement, contre vents et marées dans une Angleterre submergée par les céréales sans gluten, les jus de légumes et les *bowls* en tout genre. Pièce maîtresse d'un patrimoine culinaire souvent décrié, agapes au potentiel instagrammable nul sinon négatif, les Anglais en font pourtant le marqueur d'une singularité entretenue et conservée, dernière digue à ne pas sauter dans un environnement totalement mondialisé (le Royaume-Uni se situe pourtant dans le peloton de tête des pays ayant le plus fort indice de mondialisation). Si le paragraphe qui précède incite à la prudence vis-à-vis des organismes en charge de la promotion du tourisme, je citerais tout de même cette étude de *Visit Britain* parue en 2010 qui affirme que le *full English* reste plébiscité dans le monde entier (enquête menée dans 36 pays sur un échantillon de 26 000 personnes). Assez paradoxalement, le Brexit pourrait fragiliser l'inébranlable *bacon and eggs* : si Londres exporte beaucoup plus de haricots

1. J'utilise le terme avec d'autant plus de simplicité que j'en suis moi-même une.

blancs qu'elle n'en importe (les *beans* sont sauvés), son solde alimentaire reste largement déficitaire du fait de ses faibles capacités de production (41 000 tonnes d'œufs importés en 2019, principalement de la France et des Pays-Bas) et sa dépendance agroalimentaire vis-à-vis de l'Union européenne est loin d'être anecdotique.

Le monde dans nos tasses

L'histoire mondiale du matin s'écrit donc beaucoup comme elle se mange. C'est la thèse brillamment défendue par le géohistorien Christophe Grataloup dans son ouvrage *Le Monde dans nos tasses*[1]. Thèse poursuivie par le géographe Gilles Fumey dans son non moins passionnant *Feu sur le breakfast !* [2].

Ces deux ouvrages décrivent un passionnant paradoxe : le petit déjeuner, qui semble pourtant redondant et banal, est en réalité le produit le plus chimiquement pur de la mondialisation. Il charrie avec lui tout un pan de l'histoire moderne et contemporaine, celle de la colonisation et de la libéralisation des échanges, celle des révolutions industrielles et de la montée en puissance des sociétés de consommation, celle, enfin, du développement de l'industrie agroalimentaire et de ses excès de sucres raffinés.

Tout commence dans l'Europe du début du XVIIIe siècle avec l'introduction, par l'aristocratie européenne, des premières importations de café, de thé et de chocolat venus des pays colonisés et consommés

1. Christian Grataloup, *Le Monde dans nos tasses. Trois siècles de petit déjeuner*, Armand Colin, 2017.
2. Gilles Fumey, *Feu sur le breakfast !*, Terre urbaine, 2020.

essentiellement en métropole. Avant cette date, il était déjà d'usage de prendre un premier repas au moment du réveil, mais celui-ci ne se distinguait pas dans sa composition des autres repas de la journée et reprenait souvent les restes de la veille (de la soupe essentiellement, s'agissant des liquides). C'est bien par l'introduction des boissons chaudes, et avec elles la consommation de produits principalement sucrés (le sucre étant lui aussi importé), que le petit déjeuner se singularise. D'abord adopté par une frange urbaine et industrialisée, le petit déjeuner que l'on qualifie aujourd'hui de « continental » se diffuse ensuite dans l'ensemble de la société, stimulé par un commerce dynamique et une baisse progressive des prix. L'épicentre de cette évolution se situe entre Paris, Amsterdam et Londres, avant de toucher l'Europe tout entière.

L'histoire du petit déjeuner, loin des images lisses des premiers panneaux publicitaires qui en vantent les bienfaits, est donc aussi celle de l'exploitation des peuples autochtones et des matières premières, celle de la colonisation et de l'esclavage : « Sans l'esclavage, écrit Grataloup, le petit déjeuner ne serait sans doute pas apparu[1]. » Et au cœur de cette mondialisation se trouve cet autre triptyque : le cacao d'Amérique, le thé d'Asie et le café d'Afrique, trois breuvages issus de plantes tropicales inadaptables en milieu tempéré, trois marqueurs, trois legs toujours très puissants d'un encombrant passé colonial.

Rappelons rapidement l'étendue du phénomène dont il est ici question : 4 millions de tonnes de thé et 7 millions

1. Christian Grataloup, *op. cit.*

de tonnes de café sont vendues chaque année dans le monde. Plus de 2 milliards de tasses de café sont ingurgitées chaque jour, pour un marché annuel d'environ 12 milliards d'euros. Près des trois quarts des importations de café se concentrent en Amérique du Nord, en Europe et au Japon et près de 80 % de la production de café est exportée. Comme le rappelle Grataloup, la carte du café répond à une logique relativement simple et paradoxale : ceux qui le boivent ne le produisent pas, ceux qui le produisent ne le boivent pas (le Brésil étant la seule exception à la règle). Le record mondial de consommation du café est depuis longtemps tenu par les pays scandinaves, avec près de 10 kg par habitant et par an. Mais si le café représente le plus gros volume d'échanges internationaux, c'est bien le thé qui est le plus bu, et c'est probablement la boisson la plus consommée au monde, après l'eau. Mais contrairement au café, son usage est d'abord celui des pays producteurs, la Chine en tête.

Soda for breakfast

Cette mondialisation du petit déjeuner passe donc avant tout par la boisson. C'est par exemple le long combat mené par Coca-Cola pour remplacer le café du matin par du soda[1]. Soucieuse de conquérir un nouveau public, et profitant d'une baisse tendancielle de la consommation de café aux États-Unis dans les années 1980, la marque développe de nouveaux produits, plus

1. Cette bataille est racontée par Lucie de la Héronnière dans un article paru dans Slate en 2016 : « Comment Coca bataille pour remplacer le café au petit-déj ».

caféinés et plus sucrés, destinés à une consommation matinale pour jeunes gens modernes et pressés. La communication de la multinationale défend alors ce nouveau modèle, face à des boissons chaudes jugées ringardes, d'un autre temps. Au cours des décennies 1990 à 2010, si les ventes de soda sont en berne, leur consommation le matin tend, elle, à augmenter, résultat d'une campagne offensive en leur faveur. Sans vouloir défendre l'industrie du soda ni promouvoir sa consommation le matin, il est intéressant de relever que l'image de ces grands groupes industriels a toujours été infiniment plus négative que celle de certains groupes producteurs et exportateurs de café, dont les pratiques, en particulier dans les décennies que je viens de citer, n'avaient pas de quoi faire rougir celles des géants américains. Par un drôle de malentendu, le café est encore souvent perçu comme un bien commun, essentiellement distribué en marque blanche, lavé de tout soupçon. Au bar vous allez commander « un café », pas « une tasse de Carte Noire » ou « un petit Nespresso ». Dans sa consommation « sociale », il semble épargné par le syndrome que Naomi Klein décrit dans *No Logo*. Au contraire, dans ce même bistrot, vous commanderez du Coca, et vous serez d'ailleurs très attentif à ce qu'on ne vous trompe pas avec un Pepsi ou autre ersatz de la célèbre boisson rouge et noir. Si la mauvaise réputation du soda provient avant tout de ses piètres valeurs nutritionnelles, la mauvaise réputation des planteurs de caféiers *devrait* se nourrir du caractère souvent contestable de leurs pratiques sociales et écologiques. Si de nombreuses associations et ONG ont tenté ces vingt dernières années de dénoncer les défaillances de ces industries, cela n'a jamais eu d'incidence réelle sur la perception et la consommation des produits qu'elles commercialisent, parangon d'un commerce qui se revendique aujourd'hui « équitable ».

Global versus local

Mais ce petit déjeuner mondialisé, avec ou sans Coca, est aujourd'hui menacé. La montée en puissance des préoccupations écologiques, la consommation bio ou locavore sont de puissants leviers au service d'un *slow breakfast* à l'impact carbone moins élevé. Les classes supérieures occidentales, au premier rang desquelles les « bobos », commencent à bouder les grandes enseignes de café à emporter pour leur préférer des torréfacteurs durables et équitables. La crise pandémique récente a accéléré ce processus et entraîné une attention plus poussée de la part des consommateurs vis-à-vis de ces produits locaux et traçables. Des exigences toujours difficilement conciliables avec la consommation de café, dont les grains ne sont cultivables que dans les pays du Sud, Brésil en tête. Une issue semble se dessiner non pas du côté du producteur (le localisme est insoluble de ce point de vue là) mais de celui des brûleries et microtorréfacteurs locaux, qui se multiplient, notamment en France. Pour les plus exigeants, des alternatives au café se développent aussi, comme le café d'orge, céréale qui a l'avantage d'être cultivée en France. Son amertume, lorsqu'elle est très infusée, rappellerait celle du café, sans pour autant bénéficier de l'un de ses principaux atouts : la caféine. Étonnamment, la boisson rencontre un franc succès en Italie, pourtant adepte du traditionnel *ristretto*.

Ce rééquilibrage semble d'ailleurs parfaitement logique et cohérent. Car cette histoire mondiale est en contradiction totale avec le « récit » du petit déjeuner tout entier construit sur l'authenticité, le « fait maison », le foyer et la famille nucléaire. Arrêtez votre lecture quelques minutes. Fermez les yeux. Convoquez les images que vous associez le plus spontanément au petit déjeuner. Je peux parier sans prendre trop de risques que les premières qui vous viennent à l'esprit sont celles d'une baguette de pain et d'un pot de confiture Bonne Maman, probablement disposés entre deux tasses en faïence. Des évocations familières, associées à la proximité et à l'habitude. La baguette de pain viendra de la boulangerie du coin de la rue, la confiture Bonne Maman, fleuron de l'agro-industrie française, est fabriquée dans des usines qui n'ont pas quitté le territoire national depuis la création de l'enseigne en 1971. Il est très probable que ces scènes se déroulent dans la maison de votre enfance ou celle de vos vacances. Au contraire, je doute que parmi mes lecteurs certains convoquent spontanément des images de cacaotiers ou de champs de caféiers dans les plaines du Brésil (savez-vous seulement à quoi ressemble un caféier ? Ce grand arbre à fruits rouges ?).

Tout le narratif que l'on a construit autour du petit déjeuner semble donc nier cette origine mondiale et globalisée. Le petit déjeuner est le repas de l'habitude, de l'antidépaysement et ne tolère aucune forme d'exotisme. Je dirais même : le petit déjeuner est réac'. Enfant, j'ai toujours été fascinée par cette pratique de ma mère, qui voyageait constamment avec ses sachets de thé, son pot de miel et parfois même son pain (une variété qui s'apparente plutôt à une brique et qui a la vertu de se conserver longtemps, à défaut d'être parfaitement digeste pour un corps humain normal). Le voyage n'était toléré qu'à condition de pouvoir y conserver un peu de chez soi, principalement au petit déjeuner. L'exotisme avait des limites parfaitement bornées, entre 9 heures et 10 h 30 du matin. Si cette pratique était en réalité principalement justifiée par l'exigence maternelle vis-à-vis de ces deux produits, et de son incapacité à se satisfaire d'un sachet de thé bon marché et d'un miel industriel trop sucré dans une barquette en plastique, elle me semble révélatrice de notre rapport au petit déjeuner, plus conservateur que celui que nous entretenons avec les autres repas de la journée. On accepte volontiers le dépaysement culinaire pour les repas du midi et du soir (chez soi ou en voyage d'ailleurs), mais la perspective de retrouver un petit déjeuner « continental », où que l'on se trouve dans le monde (y compris en avion), continue de nous rassurer. Inversement, je me souviens avoir été marquée, dans le petit village lacustre autrichien de Hallstatt, plébiscité par les touristes chinois qui en sont les premiers visiteurs mondiaux, par la présence au petit déjeuner de l'hôtel d'assiettes de *noodles* froides. Aucun des touristes occidentaux présents dans l'hôtel ne se hasardait sur cette partie du buffet, uniquement fréquentée par les touristes chinois. Ces derniers, pourtant fascinés par les paysages et la culture autrichienne, ne s'aventuraient pas même sur un croissant.

Salutations au soleil

Elles sont une douzaine à s'être levées ce matin pour assister au *hatha morning flow* de Solène. Il est 6 h 58 et toutes déroulent leur tapis de yoga sur le parquet usé d'une salle de sport parisienne. Le cours est donné dans un mélange dissonant d'anglais (*breathing through your nose*), de français (*eeexpirez*), de mantras hindous et d'onomatopées prolongées (*ooooooooooooom*). Les plus expérimentées enchaînent les salutations au soleil les yeux fermés, avec fluidité et souplesse, leurs corps éthérés et graciles strictement contenus dans le quadrilatère de leur tapis. Presque toutes iront travailler ensuite, physiquement et spirituellement repues, rassérénées après avoir pratiqué. *Namasté*.

Postural, assis, debout, suspendu, surchauffé, *hatha*, *ashtanga*, *kundalini*, *vinyasa*, dans l'air, dans le noir, sur l'eau, en visio, chez soi, dans le désert, seul, à deux, à douze, à huit mille… En l'espace de quelques années à peine, le yoga a conquis les clubs et les foyers hexagonaux avec son lot de déclinaisons et d'adeptes : en France, on estime à près de 3 millions le nombre de pratiquants[1], sur une population mondiale de yogis comprise entre 250 et 300 millions.

Si on peut s'adonner au yoga à n'importe quel moment de la journée, son exercice phare, la salutation au soleil, enchaînement de postures associées à des

1. Selon la première étude statistique menée en France sur le sujet en 2019, 50 % pratiquent à domicile, l'autre moitié en studio, en club ou au sein d'une association : « Le baromètre du yoga », étude réalisée par OLY Be et l'UNION Sport et Cycle, mars 2019.

exercices de respiration pour célébrer le soleil levant, raffermit sa vocation matinale. J'évoquais dans un précédent chapitre les prières profanes du matin, relents contemporains d'un héritage religieux toujours vivace, et en particulier la prière informationnelle, celle que l'on reçoit chaque matin en écoutant une matinale radio ou en ouvrant un quotidien papier. Le yoga du matin est en passe, je crois, de devenir l'un de ses principaux concurrents, alternative tout aussi crédible à la dévotion. Auréolé de spiritualité et parfois de mysticisme, travaillant l'harmonie du corps et de l'esprit, porteur d'une philosophie d'ouverture et de bienveillance, le yoga est l'ersatz idéal pour le dévot païen en quête de sens et de retour sur soi. L'ouvrage que l'écrivain Emmanuel Carrère lui a consacré[1] l'a par ailleurs définitivement extrait du champ du futile et du superficiel, en faisant un objet romanesque, une philosophie, en même temps qu'un puissant remède au mal-être de notre siècle. Non pas que l'auteur en fasse un portrait uniquement et définitivement flatteur, mais tout du moins en fait-il un portrait, ce qu'aucun auteur avant lui n'a, à ma connaissance, jamais entrepris s'agissant du « Gym Tonic » de Véronique et Davina (émission phare d'aérobic autrefois diffusée le dimanche matin sur Antenne 2 et plébiscitée par un public essentiellement féminin dans la France des années 1980). Chez Carrère, d'ailleurs, le yoga est très régulièrement pratiqué le matin, assis sur son *zafu*, ce petit coussin circulaire qui trouve sa place dans le magasin de ses mythologies matinales. « En ce début des années 1990 j'avais déjà un *zafu*. Je m'asseyais

1. Emmanuel Carrère, *Yoga*, POL, 2020.

déjà dessus, tôt le matin, en prenant soin de me réveiller avant tout le monde pour observer mon souffle et le flux de mes pensées.»

Comme beaucoup de mes contemporains, j'ai évidemment *pratiqué*. La sincérité m'oblige à reconnaître à ce stade que ma première séance fut un désastre, et un désastre de fin de journée qui plus est. J'étais alors étudiante à Londres, où la discipline arrivait avec une légère avance. L'université proposait aux étudiants une initiation au *vinyasa*, cette méthode millénaire que l'on disait tout droit venue d'Inde, avec son bestiaire bigarré, ses pigeons, ses cobras, ses sphinx et ses chiens tête en bas. Après avoir boudé la discipline pendant quelques années, traumatisée par une première expérience qui n'avait eu d'autre effet qu'une prise de conscience aiguë et brutale de mon absence de souplesse et de ma méconnaissance abyssale des noms d'animaux en anglais, j'y suis progressivement revenue, tentant de comprendre l'engouement qu'elle suscitait un peu partout autour de moi. Mes travaux sur le matin m'ont ensuite poussée à m'intéresser au phénomène de société que représentait le yoga, avec pour point d'entrée ce fameux cours de *hatha morning flow*, proposé tous les matins dans une salle de sport de mon quartier, et systématiquement pris d'assaut en dépit de son horaire… matinal.

Si le yoga est populaire et si le yoga est sérieux, au-delà de la contribution d'Emmanuel Carrère, c'est précisément parce que – contrairement au phénomène Véronique et Davina – il est l'héritier d'une histoire et d'une tradition longues de plusieurs siècles, lesquelles lui confèrent une épaisseur, une utilité, que n'ont pas les inventions contemporaines, artefacts sans profondeur ni aspérité. Le yoga n'est pas *simplement* un sport bêtement répété dans une optique de performance physique, il est autre chose.

Lorsqu'elles arriveront sur leur lieu de travail ce matin-là, après leur séance, les élèves de Solène admettront bien volontiers qu'elles étaient au yoga ce matin. Elles n'étaient pas à la gym ou au fitness, elles n'ont pas bêtement sué en soulevant des haltères – activités présumées moins nobles sinon vulgaires. Non, ce matin elles ont renoué avec une pratique millénaire, ont ouvert leurs chakras, se sont connectées au monde et aux autres, même dans la posture conquérante et belliqueuse du « guerrier II ».

En réalité, le *hatha morning flow* de Solène, qui s'enseigne d'une façon plus ou moins équivalente dans des centaines de salles de sport et sur des millions de chaînes YouTube en Occident, a très peu de choses à voir avec le yoga traditionnel avec lequel ses élèves croient pourtant se reconnecter. Dans une étude très fouillée – la première du genre parue en France –, la journaliste Marie Kock déconstruit ce mythe du yoga comme tradition millénaire inchangée[1]. Elle y défend la thèse selon laquelle le yoga a muté à travers les époques, s'adaptant aux contextes sociaux, historiques et géographiques dans lesquels il s'est développé. Sans nier son caractère ancien, elle rappelle que cette tradition n'a pas perduré en l'état jusqu'à nous et qu'elle a fait l'ob-

1. Marie Kock, *Yoga, une histoire-monde. De Bikram aux Beatles, du LSD à la quête de soi : le récit d'une conquête*, La Découverte, 2019.

jet de très nombreuses transformations, en particulier au début du XXe siècle. « Certes, il y a des occurrences du mot "yoga" dans des textes multimillénaires. Mais il n'avait pas du tout le même sens, désignant ici une éthique de guerre, là une façon d'atteler les chevaux, ailleurs une forme d'action[1]. »

Le principal artisan de cette grande réforme, Tirumalai Krishnamacharya – d'ailleurs connu pour se lever chaque jour à 2 heures du matin pour faire ses exercices avant de recevoir ses élèves –, a ainsi fondé une école totalement renouvelée, exportable et accessible au plus grand nombre, davantage axée sur la performance physique que sur la méditation et avant tout influencée par la culture physique britannique et la gymnastique suédoise. De nombreux maîtres yogis reprennent alors cette nouvelle méthode, l'exportent en Californie où ils viennent massivement s'établir dans les années 1920, avant qu'elle ne se propage partout dans le monde occidental. « Le yoga tel qu'on le pratique aujourd'hui est fondé sur une croyance dans la routine, la répétition », écrit Marie Kock rappelant beaucoup des attributs associés au matin. « Pour progresser, écrit-elle, il faut refaire sans cesse la même chose, recommencer selon le même processus, la plupart du temps dans une durée donnée. Aujourd'hui, le yoga est un système, livré avec un mode d'emploi complet pour que cela fonctionne. Cette organisation du yoga en un exercice rationnel, avec un début, un milieu, une fin, ne

1. Entretien avec Marie Kock par Jérémy André, « Non, le yoga n'est pas une tradition inchangée depuis des millénaires », LeMonde.fr, 30 août 2020.

vient pas du fin fond des âges[1].» Carrère revient d'ailleurs sur cette histoire mondiale du yoga dans son livre, se positionnant résolument du côté d'un yoga primitif, axé sur la méditation, nourri des lectures de Patañjali, auteur d'un recueil de *sutras*, ces aphorismes philosophiques qui auraient codifié la pratique du yoga entre le IIe siècle avant J.-C. et le IIIe siècle après J.-C.

Comme le café et les corn flakes, ce yoga mondialisé se trouve propulsé sur la scène internationale, porté par cette authenticité factice et des arguments sanitaires finalement pas si éloignés de ceux d'un publicitaire voulant vous vendre une bouteille de lait. Citant l'un des spécialistes contemporains du yoga, Mark Singleton, Kock évoque « l'un des mécanismes de base du marketing du yoga transnational : quelque chose de nouveau devient séduisant et commercialisable lorsqu'il est drapé du manteau de l'ancienneté[2].»

Le yoga est aussi un puissant instrument de *soft power* au service du pouvoir politique indien, qui utilise cette supposée tradition millénaire pour en diffuser la pratique et les bienfaits dans le monde entier. À l'initiative du Premier ministre indien Narendra Modi, il existe ainsi depuis 2015 une journée internationale du yoga, organisée sous l'égide des Nations unies le 21 juin. Depuis 2016, le yoga figure au patrimoine immatériel de l'UNESCO. Conscient du formidable levier d'influence que cela représentait pour la diplomatie culturelle de son pays, le Premier ministre indien rappelait ainsi lors de la 69e session de l'Assemblée générale de l'ONU que

1. Marie Kock, *op. cit.*
2. *Ibid.*

« le yoga symbolise l'union de l'esprit et du corps, de la pensée et de l'action… une approche globale précieuse pour notre santé et notre bien-être. Le yoga n'est pas simplement un exercice, c'est un moyen de ne faire qu'un avec vous-même, le monde et la nature. » La résolution souligne ainsi « l'importance des individus et des populations faisant des choix plus sains et suivant des styles de vie qui entretiennent une bonne santé ». Dans ce contexte, l'OMS avait alors enjoint ses États membres à lutter contre l'inactivité physique des populations.

Le 21 juin 2021, après une année et demie de crise pandémique mondiale, ils étaient des centaines à se retrouver en plein air, dans les salles ou en ligne pour un *morning flow* célébrant la 7e édition de cette journée internationale. Les élèves de Solène ont sans doute gonflé le contingent matinal de yogis, nourrissant, sans le savoir, les velléités diplomatiques d'un conquérant Premier ministre à quelques milliers de kilomètres de là.

Pour un droit mondial à la paresse

Terminons ce voyage par un nouveau détour vers l'Asie, au Japon d'abord, pays du Soleil levant, à la rencontre de ceux qui précisément ne s'y lèvent pas : les *hikikomori*. Mouvement dont on date l'émergence au début des années 1990, *hikikomori* signifie « se retrancher » en japonais, un terme qui décrit le fait de s'isoler sciemment de la société et de vivre reclus dans sa chambre. Un adolescent sur cent, principalement des garçons, serait concerné par cette drôle de pathologie. Dès 2010, le ministère de la Santé japonais donne une définition officielle et détaillée du phénomène : « Une situation où une personne sans psychose est retirée chez elle pendant plus de six mois et ne prend plus part à la société, cesse de fréquenter l'école et/ou de travailler[1]. » Ils auraient été 696000 en 2010, décennie d'apogée du phénomène, avant de retomber à environ 550000 aujourd'hui. Le phénomène est devenu, depuis, un champ particulièrement fécond pour les psychologues, cliniciens et sociologues japonais, qui suivent de très près cette anomalie qui toucherait désormais aussi des générations plus âgées, et davantage de femmes. On compte aujourd'hui une cinquantaine de centres spécialisés dans le traitement de cette maladie au Japon, directement financés par le gouvernement tant cette « pathologie » relève d'une problématique de santé publique.

Je citerai à nouveau l'œuvre de Perec et son *Homme qui dort*, dont l'incipit fait tout à fait écho au phénomène japonais dont il est question ici : « Le jour de ton examen arrive et tu ne te lèves pas. Ce n'est pas un geste prémédité, ce n'est pas un geste, d'ailleurs, mais une absence de geste, un geste que tu ne fais pas, des gestes que tu évites de faire. Tu t'es couché tôt, ton sommeil a été paisible, tu avais remonté ton réveil, tu l'as entendu sonner, tu as attendu qu'il sonne, pendant plusieurs minutes au moins, déjà réveillé par la chaleur, ou par la lumière, ou par le bruit des laitiers, des

1. Saito K., *Hikikomori no hyouka : shien ni kansuru gaidorain*, Tokyo : Japan's Ministry of Health, Labour and Welfare, 2010 : « *A situation where a person without psychosis is withdrawn into his/her home for more than six months and does not participate in society such as attending school and/or work.* »

boueurs, ou par l'attente. [...] Tu ne bouges pas. Tu ne bougeras pas. Un autre, un sosie, un double fantomatique et méticuleux fait, peut-être, à ta place, un à un, les gestes que tu ne fais plus : il se lève, se lave, se rase, se vêt, s'en va[1]. »

Il y a de troublantes ressemblances entre le récit relaté par Perec et les comportements décrits par les sociologues qui se sont intéressés aux *hikikomori* japonais. Cet homme qui dort est en quelque sorte un *hikikomori* avant la lettre : étudiant lui aussi, retranché dans sa chambre, il lui arrive, comme eux, de s'aventurer dehors, à la nuit tombée, certain de conserver ainsi son invisibilité, son anonymat. Le phénomène dépasse donc largement les frontières japonaises.

L'analogie entre l'*hikikomori* japonais et ses équivalents hexagonaux a fait l'objet d'une étude[2] qui s'intéresse à ce que l'on qualifie, en France, de « conduites de réclusion de longue durée ». On y retrouve le témoignage de Mathieu, 18 ans, « en retrait » depuis plus d'un an, ou celui d'Armand, 20 ans, « retiré » depuis ses 14 ans. Chez les deux jeunes garçons, l'histoire a commencé de la même façon, par un même déclic : l'incapacité un matin de s'extraire de son lit pour aller en cours.

Le refus de se lever, de céder à l'injonction productive du réveil matinal, s'érige petit à petit en combat global, ses principaux artisans revendiquant un droit mondial et absolu à la paresse. En Chine, le phénomène porte un nom, *tangping*, qui signifie « rester allongé ».

---

1. Georges Perec, *Un homme qui dort*, 1967.
2. Maïa Fansten, Cristina Figueiredo, « Parcours de *hikikomori* et typologie du retrait », *Adolescence*, 2015/3.

On ne peut plus clair. Apparu au début des années 2010 sur les réseaux sociaux chinois, le mouvement a pris progressivement de l'ampleur, majoritairement porté par des forums de discussions, pourtant très contrôlés, où se croisent des générations de jeunes gens désabusés. Contrairement au mouvement *hikikomori*, qui est dénué de toute revendication politique[1], la mouvance *tangping* est bien une politique. Un sondage relayé par le *South China Morning Post* nous apprend que 61 % des 240000 Chinois sondés sur la plateforme Weibo y adhéreraient. Porté par la génération Z (les jeunes nés entre 1995 et 2010), le mouvement s'est construit en réaction à la culture productiviste chinoise, au sacre du travail et des longues études, avec des accents marxistes très marqués[2].

Les principes défendus par ces dignes héritiers de Paul Lafargue, auteur en 1880 du *Droit à la paresse*, trouvent des échos un peu partout dans le monde, dans des sociétés souvent exsangues, arrivées à un point de rupture qui justifie la radicalité de la démarche de ceux qui la portent. Le matin est d'ailleurs très régulièrement sollicité dans le discours politique, qui assimile un grand changement idéologique à un « réveil », son emploi pouvant servir des projets politiques très différents, voire opposés.

1. « Ce qui frappe dans l'attitude du *hikikomori*, japonais ou français, c'est son caractère passif, sans mot ni colère exprimés, et sa façon de dérouter toutes les attentes sociales ou familiales. Le jeune retirant ne fait rien de ce qu'on attend de lui, n'attend rien, ne revendique rien. » Extrait de : Maïa Fansten, Cristina Figueiredo, *op. cit.*

2. Mathieu Limongi, « La jeunesse chinoise réclame un droit à la paresse », LeMonde.fr, 16 juin 2021.

Au fond, ce qui vaut pour le politique vaut pour tout ce qui précède : choisissez qui vous lève et comment, faites-le – surtout – en parfaite connaissance de cause, faites le mal, faites le seul, à deux ou à trois, *snoozez* une, deux ou trois fois, faites-le tôt, faites-le trop tard, mais sachez tout simplement pourquoi.

Dimanche matin, ou l'impossible épilogue

Il est un peu plus de 11 heures, quelque part en Italie entre Sienne et Pérouse; un coq visiblement déréglé mais débordant d'un enthousiasme sonore chante encore. Sur la terrasse, un petit déjeuner dominical s'étire, comme voué à ne s'arrêter jamais, la table envahie de ces tasses de café que l'on ressert, de ces théières sans fond ni fin, de ces pots de confiture que l'on croit refermer pour de bon mais qu'un autre, plus tardivement levé, finira toujours par rouvrir après nous... Je n'ai pas fait mes salutations au soleil et n'en éprouve aucune culpabilité particulière (Narendra Modi ne m'en voudra pas), j'ai commencé à écrire trop tard mais le temps, comme volontairement ralenti, s'accommode de ces retards, privilège des journées d'été qui s'étirent autant que leurs interminables petits déjeuners.

C'est la fin des vacances. Fixer des bornes temporelles est, en cette matière, chose malheureusement aisée. On sait quand les vacances commencent et on ne sait que trop bien quand elles vont se terminer. C'est autre chose pour le matin. Si l'on a progressivement construit et contraint son commencement comme son contenu, plus rien depuis l'invention du *brunch* ne semble destiné à le conclure résolument.

Je relis ces quelques lignes d'un élève de Certeau, dans lesquelles je trouve non pas un point final, mais une *ligne de fuite* : « La matinée du dimanche est une progression lente de plus en plus intense, jusqu'à la chute d'après le repas dans la torpeur du dimanche après-midi. Le dimanche est véritablement scindé en deux côtés dont l'un porte l'éclosion de la fête préparée depuis le vendredi soir, et dont l'autre est déjà une pente vers le sinistre lundi. Vu du matin, l'après-midi du dimanche est encore masqué par l'apothéose du repas. Vu de l'après-midi, le matin, c'est déjà “la veille”, un autre temps nostalgique, dont on attend le retour le prochain samedi[1]. »

C'est sur cette attente, ce temps déjà nostalgique et cette indécision que s'achève ce livre. Car c'est précisément dans ces interstices, cette *jeunesse de nos jours*, que peuvent se nicher les plus stimulants instants matinaux. Finir sur un matin d'été sans fin, que même le coq local semble résolu à prolonger, sera mon impossible résolution.

---

1. Pierre Mayol, « Le Marché », dans *L'invention du quotidien*, tome 2 « Habiter, cuisiner », sous la direction de Michel de Certeau, Luce Giard et Pierre Mayol, Gallimard, 1994.

La photocomposition de cet ouvrage
a été réalisée par
GRAPHIC HAINAUT
30, rue Pierre Mathieu
59410 Anzin

MIXTE
Papier issu de
sources responsables
FSC® C003309

L'éditeur de cet ouvrage s'engage dans une démarche
de certification FSC® qui contribue à la préservation
des forêts pour les générations futures.

Pour en savoir plus :
www.editis.com/engagement-rse/

Imprimé en France par CPI
en janvier 2022

N° d'édition : 63227/01
N° d'impression : 166846